Zimmermann · Kraas MACH

Christoph Zimmermann
Albrecht W. Kraas

MACH

Konzepte und Programmierung

Mit 32 Abbildungen

Springer-Verlag
Berlin Heidelberg New York
London Paris Tokyo
Hong Kong Barcelona
Budapest

Christoph Zimmermann
Bonn, FRG

Albrecht W. Kraas
Bonn, FRG

ISBN-13: 978-3-540-55806-4 e-ISBN-13: 978-3-642-77701-1
DOI: 10.1007/978-3-642-77701-1

Die Deutsche Bibliothek – CIP-Einheitsaufnahme
Zimmermann, Christoph: Mach: Konzepte und Programmierung / Ch. Zimmermann; A. W. Kraas. – Berlin; Heidelberg; New York; London; Paris; Tokyo; Hong Kong; Barcelona; Budapest: Springer, 1993

NE: Kraas, Albrecht W.

P. Mach war ein österreichischer Physiker (1838–1916).

Umschlaggestaltung: Konzept & Design, Ilvesheim
33/3140 – 5 4 3 2 1 0 – Gedruckt auf säurefreiem Papier

Vorwort

Zur Einstimmung auf das nun folgende ein kurzes Fragment aus einem (fiktiven) Gespräch zwischen den Leitern der Hard- und Softwareentwicklungsabteilungen einer amerikanischen Computerfirma irgendwann Mitte der achtziger Jahre:

“Hallo Mike, was macht die Hardware?”

“Hi Joe, frag’ lieber nicht! Du kennst das ja: Terminpläne werden gemacht und wieder umgeworfen. Zweitens laufen uns die Kosten davon. Dieser neue Ingenieur wollte doch tatsächlich einen deutschen Firmenwagen mit einem japanischen Radio - nicht wie üblich umgekehrt. Das heißt, wir haben weniger Geld für die Software des Projektes übrig.”

“Daß die Kosten explodieren, ist in dieser Firma ja nichts neues. Dann sieht’s also ziemlich düster aus. Für die Entwicklung eines neuen Betriebssystems als Basissoftware hatten wir sowieso keine Zeit. Außerdem hat der Chef letztens auf irgendeiner von diesen Marketingveranstaltungen namens Messe ein neues Stichwort gehört: X-Windows als kommende grafische Benutzeroberfläche für Unix-Systeme. Damit muß also das Betriebssystem für den ’Neuen’ schon mal Unix-kompatibel sein.”

“Aber eine Quell-Lizenz von AT&T kann sich diese Firma doch gar nicht leisten. Die brauchen wir aber schon, weil’s halt eine ziemlich neue Hardware ist. Einfach eine Firma kaufen, die ein Betriebssystem im Angebot hat und dann mit wenig Aufwand auf unsere Kiste portieren: ist nicht!”

“Da fällt mir ein: einer von unseren Studenten, die wir aus Kostengründen als Programmierer beschäftigen, kam vorgestern mit einem Artikel aus der ’Unix

Review' an. Er muß ein Seminar über innovative Betriebssysteme halten und hatte eine Frage zu einem neuen Kern namens Mach."

"Hab' ich auch schon von gehört: soll Unix-kompatibel sein, Multiprozessor-Systeme unterstützen und das beste ist: als Entwicklung einer Universität sozusagen 'frei erhältlich', sprich mit minimalen Kosten verbunden."

"Also der übliche Plan: Ausfindig machen der Uni, Abwerben der wichtigsten Entwickler und rauf mit dem Zeug auf unsere neue Maschine..."

So oder ähnlich könnte es damals gewesen sein. Aus dem Universitätsprojekt der Carnegie-Mellon-Universität ist mittlerweile ein anerkanntes Betriebssystem geworden. Das Ziel des vorliegenden Buches ist es, dem Leser das Betriebssystem sowie die Philosophie, die hinter den innovativen Konzepten steht, näherzubringen. Dieses bedeutete am Anfang für uns ein sorgfältiges Literaturstudium, da alle Quellen, die in diesem Buch in Zusammenhang mit Mach zitiert werden, amerikanischen Ursprungs sind. Die Ergebnisse dieser Literaturrecherche spiegeln sich am Schluß des Buches in einem kommentierten Literaturverzeichnis wider, auf das der fortgeschrittene Leser zurückgreifen möge.

Damit sind wir auch schon beim anvisierten Leserkreis. An wen richtet sich dieses Buch? Natürlich an alle, die sich für neue Betriebssystemkonzepte und -architekturen interessieren. Dies können sowohl Studenten als auch erfahrene Software-Entwickler sein. Doch auch diejenigen, die sich nur einen Überblick über ein neues Betriebssystem verschaffen wollen, können dies im ersten Teil des Buches tun. Der Text richtet sich primär an Leser mit Hintergrundwissen in Betriebssystemen oder Rechnerarchitekturen; für alle Neulinge auf diesem Gebiet ist in Kapitel zwei eine kurze Einführung enthalten.

Die Autoren möchten folgenden Personen bzw. Institutionen danken, ohne deren Mithilfe das vorliegende Buch in dieser Form nicht zustande gekommen wäre. Als erstes ist die Carnegie-Mellon University zu nennen, ohne deren Projekt Mach die Grundlage zu diesem Buch fehlen würde. Aber auch für die Zustimmung zur Wiedergabe von diversen Tabellen, Sourcecode-Fragmenten, etc. sei der CMU bzw. den ehemaligen Mitarbeitern (M. W. Young und A. Tevanian, Jr.) an dieser Stelle gedankt. Gleiches gilt für die Open Software Foundation, die es ermöglicht hat, ihre Zustimmung für die Wiedergabe einiger Zeilen aus dem OSF/1-Quellcode zu geben, ohne daß wir dreizehn Formulare und sieben Belege ausfüllen mußten. Ferner sind dem Verlag Prentice Hall für die Einwilligung zum Abdruck der Abb. 2.1 verbunden. Namentlich danken wir Thomas Schönborn für die Durchsicht des Textes, bei der er nicht mit Hinweisen und Kommentaren gespart hat.

Bonn, 24. August 1992

Christoph Zimmermann Albrecht W. Kraas

Inhalt

Teil II Fortgeschrittene Anwendungen und Schnittstellen

4 Nachrichten-orientierte Interprozeßkommunikation in Mach

5 Der Mach Interface Generator (MIG)

6 Cthreads

10 Ausblick: Mach 3.0

Anhang

Verzeichnis der Abbildungen und Tabellen

Die Abb. 2.1 wurde mit freundlicher Genehmigung des Verlages Prentice Hall dem Buch *Operating Systems* von A.S. Tanenbaum in modifizierter Form entnommen; erschienen 1987.
Die Tab. 7.2 wurde mit freundlicher Genehmigung des Autors übernommen; CMU 1987.
Die Tab. 8.2, 8.3 und 8.4 wurde mit freundlicher Genehmigung des Autors übernommen; CMU 1989.
Die Kodefragmente in den Abb. 4.1, 4.2 und 4.4 sowie in Tab. 4.3 stammen aus der OSF/1-Quelldistribution und sind mit Genehmigung wiedergegeben.
Das Listing des msg_servers im Anhang ist mit freundlicher Genehmigung der CMU abgedruckt.

1 Einleitung

Was hat ein schwarzer Würfel mit dem Schriftzug "NeXT" auf der Seite mit einer DECstation unter dem Betriebssystem OSF/1 Version 1.0 gemeinsam? "Nichts" werden Sie jetzt sicher denken. Dies ist aber nur auf den ersten Blick richtig. Beide benutzen eine Betriebssystemportierung, die auf dem Betriebssystem Mach basiert. Bei dem Rechner der Firma NeXT handelt es sich um NeXTStep und bei der DECstation ist es OSF/1 V1.0. Beide Betriebssystemderivate stammen von Mach 2.5 ab. Wie kam es zu einer solchen Popularität eines doch im Vergleich zu anderen Betriebssystemen wie Unix relativ unbekannten Kernel?

Die Entwicklung von Mach begann Mitte der achtziger Jahre als Nachfolger des Nertzwerkbetriebssystems Accent [Rash86b]. Das amerikanische Verteidigungsministerium suchte zu diesem Zeitpunkt einen Nachfolger für das Berkeley-Unix (BSD-Unix), welches auch in Multiprozessor-Umgebungen einsetzbar sein würde. Die BSD-Version war nämlich nicht multiprozessorfähig. Zu diesem Zeitpunkt war die erste Version von Mach gerade stabil, eine Version, die bereits voll multiprozessorfähig war, in der jedoch einige Merkmale der späteren Version wie das externe Pager Interface noch nicht enthalten war. Mach 2.0 bot dann bereits diese Merkmale; die Version 2.5 diente dann auch als Basis für die oben angeführten Betriebssysteme. Doch die Entwicklung an der Carnegie Mellon University (CMU), wo Mach entwickelt wurde, blieb nicht stehen. Ende der achtziger Jahre ging der Trend in der Betriebssystemforschung dahin, sehr kleine Kerne (μ-Kerne) zu konzipieren, die nur sehr rudimentäre Funktionen wie elementares Message Passing und Virtual Memory Management beherrschten. Aufbauend auf diesen μ-Kernen emuliert man dann herkömmliche Betriebssysteme wie MS-DOS, Unix in seinen verschiedenen Varianten und andere mehr. Der Vorteil bei diesen Architekturen: sie sind sehr gut auf Multiprozessor-Maschinen einzusetzen und man verwendet nur die Funktionalität, die man wirklich braucht. So wird die überflüssige Verschwendung von Ressourcen verhindert, wie man sie teilweise in großen, monolithischen Kernen findet. Diesem Trend konnte man sich an der CMU natürlich nicht verschließen. Die nächste Version von Mach (3.0) wurde als µ-Kernel konzipiert (s. Kapitel 10).

Ferner entschloß sich Anfang 1988 eine Gruppe von Firmen, die Open Software Foundation (OSF), aufgrund der rigiden Lizenzpolitik von AT&T bezüglich ihres Unix-Originals System V, selbst einen Unix-Konkurrenten zu schaffen und mit der dazugehörigen Entwicklungsumgebung zu vermarkten. Alle Gründungsmitglieder der OSF waren AT&T-Lizenznehmer, darunter so bekannte Namen wie DEC, IBM, Bull und Siemens. Um die damalige Situation zu verstehen, muß man die Hintergründe kennen. Als Unix Anfang der achtziger Jahre anfing, aus den universitären Kinderschuhen herauszuwachsen und den kommerziellen Betriebssystemmarkt zu erobern, waren die Lizenzbestimmungen seitens des Entwicklers AT&T sehr freizügig. Fast jede Universität, die sich mit der Entwicklung von Betriebssystemen befaßte, hatte eine Quellizenz und konnte so den Code uneingeschränkt modifizieren. Doch mit der steigenden Marktakzeptanz von Unix änderte sich dieses schlagartig. Wurden bisher Lizenzen für ganze Systeme vergeben, teilte man das Betriebssystem nun in Kern, Textbearbeitungssysteme, Entwicklungssysteme, etc. auf, für die jeweils gesondert Lizenzen bezahlt werden mußten. Diese Lizenzpolitik gaben die Hardware-Hersteller natürlich an ihre Kunden weiter. So konnte es passieren, wenn man ein Unix-System (Hard- und Software) von einem Hersteller kaufte, daß man nur das Basisbetriebssystem als solches bekam und für C-Compiler, diverse Werkzeuge wie lex, yacc, troff, nroff, etc. extra bezahlen mußte (an dieser Situation hat sich teilweise bis heute nichts geändert). Dieses wollten die oben angeführten Hersteller nicht länger hinnehmen und entschlossen sich, eine eigene, Unix-kompatible Plattform zu entwickeln. Da IBM Mitglied dieser Gruppe war, beschloß man zuerst, deren System V-Portierung AIX als OSF/1 Grundlage zu benutzen. Aufgrund interner Schwierigkeiten wich man jedoch auf Mach 2.5 aus, welches dann die Grundlage für OSF/1 wurde. Die Verwendung von Mach als OSF-Basis hat zudem den Vorteil, daß keinerlei Lizenzgebühren anfallen, da sich Mach 3.0 als universitäre Entwicklung im Public Domain Bereich befindet und somit nicht durch Patente geschützt ist. Aufgrund der weiteren Entwicklung von Mach an der CMU basiert die nächste Version des Betriebssystems der OSF (OSF/2) auf dieser µ-Kernel-Architektur von Mach 3.0. Neben der OSF gibt es weitere Computerhersteller, die ein auf Mach basierendes Betriebssystem für ihre Hardware anbieten. Als bekanntester Vertreter sei hier NeXT angeführt. Das NeXTStep, welches auf den schwarzen Würfeln von Steven Jobs läuft, basiert auf Mach 2.0 mit einigen Mach 2.5 spezifischen Erweiterungen. Interessanterweise sind einige Mitglieder des Entwicklungsteams von der CMU zu NeXT gewechselt... Doch NeXTStep soll nicht nur auf die NeXT-Architektur beschränkt bleiben, die auf dem Motorola 68040 basiert, wenn man den Presseankündigungen glauben darf. Geplant ist ebenfalls eine Portierung, die auf handelsüblichen AT-kompatiblen PCs läuft, deren CPU eine i486 von Intel ist. Daneben gibt es noch eine Reihe von weiteren Anbietern, die Mach-Portierungen (meist basierend auf Mach 2.5) auf verschiedenen Hardware-Plattformen wie i386-basierten PCs und dem Mac von Apple anbieten.

Den Public Domain Charakter von Mach 3.0 wollen sich auch andere Institutionen zu Nutzen machen. Immer wieder geistern Pläne und Gerüchte eines vollkommen lizenzfreien Betriebssystems durch die entsprechende Newsgroup im Usenet (comp.os.mach). Richard Stallman, Begründer der Free Software Foundation, soll mit seinem Projekt “Hurd” ein BSD-kompatibles System entwickeln und danach in die Public Domain übergeben. Dazu muß man wissen, daß man eine AT&T-Lizenz braucht, wenn man heutzutage eine BSD-Portierung einsetzen will, da Teile des BSD-Kerns immer noch auf AT&T-Code basieren. Richard Stallman plant mit seinem GNU-Projekt (“*G*NU is *N*ot *U*nix”, ein Arbeitsgruppe, die sich zum Ziel gesetzt hat, erstklassige Public Domain Software zu erstellen), aus dem schon mehrere, oft unter Unix eingesetzte Tools wie gnu-Emacs und gnu-cc hervorgegangen sind, ein vollkommen lizenzfreies System inklusive aller Tools zu erstellen. Schenkt man den Gerüchten Glauben, so handelt es sich hierbei um einen BSD-Server, der auf Mach 3.0 basierend die gesamte BSD-Funktionalität wie Sockets, Pipes, etc. herkömmlicher, BSD-kompatibler Portierungen zur Verfügung stellen soll.

Zusammenfassend kann man also sagen, daß neben Unix Mach einen festen Platz in der Reihe der Betriebssysteme hat, die auf sog. “small systems” laufen (wie IBM diese Computerklasse offiziell nennt). Dieses Buch soll Ihnen einen Überblick über die Architektur von Mach und die Konzepte geben, die hinter diesem Betriebssystem stehen. Da die meisten Portierungen auf der Mach-Version 2.0 oder 2.5 beruhen, wird im folgenden auch der Schwerpunkt auf dieser Version liegen. Kapitel 10 gibt jedoch auch einen Ausblick auf den gegenwärtigen Stand der Entwicklung des μ-Kernels der Version 3.0.

Das Buch gliedert sich in zwei Teile: der erste hat eher einführenden Charakter, während im zweiten Teil näher auf die konkrete Programmierung unter Mach eingegangen wird. "Programmierung" bezieht sich nicht auf die Unix-Umgebung von Mach, sondern beschreibt die einzelnen Schnittstellen, die Mach für die Programmierung - auch gerade in Netzwerken und Multiprozessor-Systemen - anbietet.

Das zweite Kapitel behandelt Betriebssystemgrundlagen. Der Leser sollte - nicht nur für die Mach-Grundlagenkapitel sondern ebenfalls für den zweiten Teil des Buches - ein ausreichendes Grundwissen im Gebiet der Betriebssysteme mitbringen. Einige Kenntnisse im Bereich der Rechnerarchitektur sind zwar nicht unbedingt erforderlich, helfen aber beim besseren Verständnis der Materie. Das zweite Kapitel ist daher primär als Auffrischung von bereits bekanntem Stoff gedacht, dem Anfänger auf dem Gebiet seien aus der Masse der guten Literatur zu diesem Thema besonders drei Bücher empfohlen, auf die im Text auch z.T. gesondert hingewiesen wird: [Silb91], [Deit84] und [Tane87] beschäftigen sich eingehend mit dem Grundlagen von Betriebssystemen wie Prozeßmanagement, virtueller Speicher, Prozeßkommunikation, etc. Grundlegendes Wissen über den Aufbau von Unix-System schadet nicht, ist aber auch keine Voraussetzung. Empfohlen seien hier [Bach87] und [Leff89].

Das darauf folgende dritte Kapitel stellt die Mach-Philosphie dar. Es wird zuerst eine Übersicht über die wesentlichen Abstraktionen geboten, die der Mach-Kern zur Verfügung stellt, um diese dann im weiteren detaillierter darzustellen. Die wichtigsten Schlagworte sind in diesem Zusammenhang: virtuelle Speicherverwaltung, nachrichtenbasierte Interprozeßkommunikation, das Mach-Prozeßmodell sowie die Verwaltung von physikalischen Ressourcen.

Nachdem im ersten Teil des Buches die wesentlichen Konzepte von Mach vorgestellt wurden, werden im zweiten Teil die für den Programmierer relevanten Werkzeuge und Schnittstellen des Mach-Systems behandelt. Als Unix-Nachfolger stellt Mach eine komplette Emulation des 4.3BSD-Unix Derivats zur Verfügung. Dieses soll jedoch nicht Gegenstand der Betrachtungen sein; es wird vielmehr auf die eigentlichen Eigenschaften eingegangen, die den Mach-Kern ausmachen. In den meisten Kapiteln wird als Illustration für die Konzepte, die für die Programmierung von Mach wichtig sind, das Application Programm Interface

(API) oder Teile davon vorgestellt. Das API ist eine Menge von Routinen, deren Aufruf mit bestimmten Parametern eine bestimmte Funktion erfüllt. Dieses API ist quasi die Sicht der Anwendungsprogramme für die einzelnen Funktionen des Kerns. Dabei wird weniger auf die Details der einzelnen Aufrufe eingegangen (so werden beispielsweise keine Typen der einzelnen Parameter angegeben), sondern vielmehr die Einbettung der Funktionen in das Gesamtsystem dargestellt.

Im vierten Kapitel wird die nachrichtenorientierte IPC des Mach-Systems beschrieben, da diese Art der Interprozeßkommunikation die Grundlage für die sich im darauffolgenden Kapitel anschließende Diskussion des Stubgenerators bildet. Dieser Mach Interface Generator (MIG) stellt ein wichtiges Werkzeug für das Design von Client / Server Architekturen dar. Auf die Diskussion des MIG folgt ein Kapitel über Cthreads. Cthreads sowie das zugehörige Package sind im wesentlichen für die bequeme Programmierung von Threads und die Synchronisation von Zugriffen auf gemeinsam benutzte Daten gedacht. Die nächsten zwei Kapitel befassen sich mit der Darstellung des virtuellen Speichers und dessen Benutzung in Mach-basierten Systemen. Kapitel 7 stellt dabei die grundlegende Benutzung des VM mittels des APIs dar, während im Kapitel 8 über die externe Memory Manager Schnittstelle (EMMI) die Verwendung von externen Pagern in Mach anhand eines Beispiels geschildert wird.

Am Ende der meisten Kapitel des zweiten Teils befindet sich die Besprechung eines illustrierenden Beispielprogrammes. Um den Lesefluß zwischen den einzelnen Kapiteln nicht zu stören, wurden die Listings dieser Programme in den Anhang verbannt, wo sie der interessierte Leser jedoch bestimmt "aufstöbern" wird. Der weniger interessierte Leser mag in der Gewißheit zum nächsten Kapitel übergehen, keine wesentlichen Aspekte des Stoffes versäumt zu haben. Für das Verständnis dieser kurzen Beispielprogramme sollte der Leser gute Kenntnisse der Sprache C besitzen. Für das Verständnis des vorgestellte Stoffes ist ferner gutes Grundlagenwissen im Bereich der Betriebssysteme wie z.B. Unix und der systemnahen Programmierung Voraussetzung. Der Zugang zu einem OSF/1-System oder einem anderen Rechner mit einem Betriebssystem, welches auf Mach basiert (wie beispielsweise NeXtStep), erleichtert das Verständnis der Beispielprogramme, da man diese dann sofort eingeben und ausprobieren kann. Durch diese spielerische Heranführung an das Thema wird man gleichzeitig auch mit den Eigenarten und Details von Mach (wie z.B. include-Dateien) vertraut.

Die abschließenden Kapitel stellen eine Beispielapplikation vor und geben einen Ausblick auf Mach 3.0, das zukünftige OSF/2. Bei dieser Applikation handelt es sich um einen Server, der für die Verwaltung von kleinen Objekten verantwortlich ist. An ihm wird das Zusammenwirken aller bis dahin vorgestellten Komponenten geschildert. Ebenso wird die Integration dieses ObjectServers in ein bestehendes Software-System am Beispiel eines Public Domain Smalltalk-Systems kurz dargelegt. Der Ausblick stellt den gegenwärtigen Status der Entwicklung von Mach 3.0 anhand von Emulations-Servern dar, mit denen es möglich ist, aufbauend auf die µ-Kernel Architektur von Mach 3.0 verschiedene Betriebssysteme zu emulieren. Daran schließt sich die Besprechung der wesentlichen Neuerungen an, die für alle interessant sind, die mit Mach oder Mach-Derivaten wie OSF/1 arbeiten. Im Anhang sind neben einem Glossar und einer kommentierten Bibliografie die schon erwähnten Listings zu finden.

Noch eine Bemerkung zu den Fremdworten im Text. Ein Buch über eine amerikanische Entwicklung zu schreiben, ohne Worte aus dem anglo-amerikanischen Sprachraum zu benutzen, grenzt zum einen an das Unmögliche und behindert zum anderen das Verständnis. Jeder, der sich schon einmal mit englischsprachiger Fachliteratur auseinandergesetzt hat, wird es einfacher finden, vertraute Ausdrücke im Textfluß wiederzuerkennen, ohne daß diese mühsam künstlich eingedeutscht wurden. Um jedoch dem üblich gewordenen "EDV-Slang" vorzubeugen, wurde folgendermaßen verfahren: wo immer es sinnvoll erschien, wurden deutsche Worte benutzt (also beispielsweise "eingebunden" anstatt dem schönen neudeutschen Wort "gemappt"). Wo sich englische oder amerikanische Fachausdrücke so sehr eingebürgert haben, daß eine Übersetzung wenig sinnvoll oder gar sinnlos erschien, wurde der Ausdruck zusammen mit der Rechtschreibung beibehalten. So bleibt das Client / Server Modell das besagte und wird nicht etwa zum Klienten-Servierbrett-Modell (tatsächlich ist dies eine Bedeutung des englischen Wortes "server").

Teil 1

Grundlagen

2 Grundlagen Betriebssysteme

Dieser Teil des Buches gibt zunächst eine grundlegende Übersicht über das Thema Betriebssysteme, die für den Einsteiger als anregende Darstellung verstanden werden soll. Es wird davon ausgegangen, daß der Leser Basiswissen im Bereich der Betriebssysteme und der systemnahen Programmierung besitzt. Der mit der Materie vertraute Leser möge das Kapitel 2 als Wiederholung und Auffrischung vorhandenen Wissens ansehen. Als weitergehende Literatur sei an dieser Stelle z.B. auf [Tane87] oder [Deit84] verwiesen.

Ein Betriebssystem dient - vereinfachend ausgedrückt - dazu, dem Benutzer bzw. den Benutzern die in einer Rechenanlage vorhandenen Betriebsmittel in geeigneter Weise zur Verfügung zu stellen. Betriebsmittel sind dabei insbesondere physikalisch vorhandene Elemente wie Arbeitsspeicher, Datenträger oder Drucker, aber auch abstrakte Ressourcen wie Rechenzeit oder Programmroutinen.

Etwas genauer ist die Aufschlüsselung der Aufgaben in die folgenden Teilbereiche:

- Zugangsverwaltung: berechtigte Benutzer müssen erkannt und unberechtigte abgewiesen werden;
- Auftragsverwaltung: eingehende Aufträge müssen akzeptiert und unter Überwachung des Betriebssystems ausgeführt werden;
- Dateiverwaltung: permanente Daten müssen in strukturierter Art auf Sekundärspeichern abgelegt werden (langfristige Datenhaltung);
- Speicherverwaltung: zur Ausführung von Aufträgen benötigter Arbeitsspeicher muß verwaltet werden (kurzfristige Datenhaltung);
- Prozeßverwaltung: es müssen Mechanismen zum Starten und Beenden sowie zur Synchronisation und Kommunikation von Prozessen bereitgestellt werden;
- Prozessorverwaltung: die von realen Prozessoren zur Verfügung gestellte Rechenzeit muß den wartenden Prozessen "gerecht" zugeteilt werden;

- Ein-/Ausgabe-System: Ein-/Ausgabe-Geräte (Bildschirm, Drucker) und Ein-/Ausgabe-Prozessoren (paralleler / serieller Port) müssen verwaltet werden, um z.B. Zugriffskonflikte auf nur exklusiv benutzbare Betriebsmittel zu vermeiden.

Zugangsverwaltung und Auftragsverwaltung sollen hier nicht weiter betrachtet werden, da die verwendeten Algorithmen und Mechanismen für den Ablauf des Betriebssystems selbst eine eher untergeordnete Rolle spielen. Anders verhält es sich mit den letzten fünf Punkten der Aufzählung. Die Basisbegriffe und - abläufe dieser Betriebssystemaufgaben sollen im Rest des Kapitels übersichtsartig angesprochen werden.

2.1 Dateiverwaltung

Die Dateiverwaltung dient der Speicherung der permanenten Daten. Dies sind entweder Programme bzw. Programmteile oder Daten. Als Speichermedien dienen alle Arten von nicht flüchtigen Speichern, also Festplatten, Trommelspeicher, Magnetbänder oder auch CD-Laufwerke, um nur einige zu nennen. Interessant im Rahmen eines Betriebssystems sind dabei alle Medien, die wahlfreien Zugriff (Random Access) auf die Daten erlauben und die Daten nicht nur sequentiell zur Verfügung stellen (Magnetband). Sequentielle Datenträger sind in der Regel reine Backup-Medien, deren Bedienung das Betriebssystem zwar beherrschen muß, die aber nicht zur Verwendung in speziellen Mechanismen des Betriebssystems tauglich sind.

Um die Speicherung der Daten zu realisieren, müssen die Datenträger eine physikalische und eine logische Struktur erhalten. Die physikalische Struktur von Festplatten (wir wollen uns hier nur auf Festplatten beschränken), unterteilt diese in Spuren und Sektoren. Als Grundbausteine ergeben sich daraus Cluster oder Blöcke, die jeweils über Sektor-Nummer und Spur-Nummer angesprochen werden können. Bei einem Stapel von Platten wird ein zusätzlicher Wert vereinbart als Spezifikation, welche Plattenoberfläche im Plattenstapel gemeint ist. Die Art und Weise, wie diese Blöcke verwaltet und mit Dateien assoziiert werden, ist von

Betriebssystem zu Betriebssystem unterschiedlich. Als Beispiel sollen an dieser Stelle kurz zwei bekannte Formate dargestellt werden.

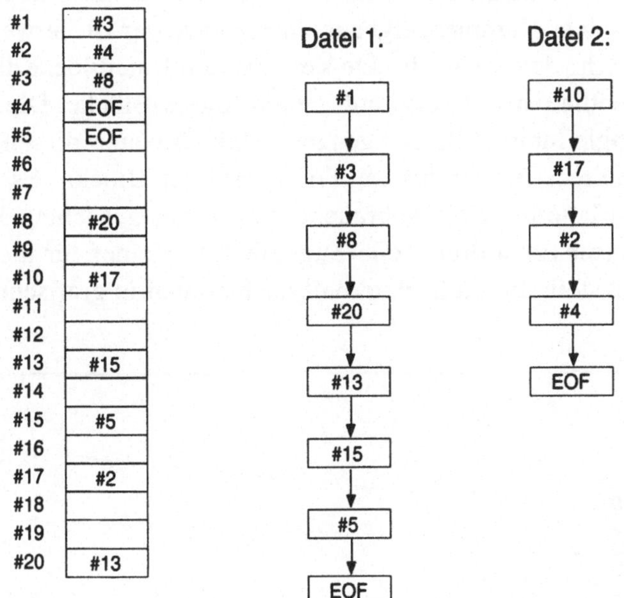

Abb. 2.1 FAT-Struktur des MS-DOS-Betriebssystems

Das weit verbreitete Betriebssystem MS-DOS benutzt eine Tabelle namens File Allocation Table (FAT); jedem Eintrag in dieser FAT entspricht genau ein Cluster der Platte. Wird eine Datei gespeichert, dann wird zusätzlich zum Namen - neben einigen weiteren Angaben wie z.B. Dateiattributen - ein Hinweis auf den ersten Eintrag der FAT gespeichert. Die Nummer des FAT-Eintrags repräsentiert den jeweiligen Cluster auf der Festplatte (s. Abb. 2.1, frei nach [Tane87]). Die leeren Kästchen repräsentieren freie Cluster. Diese Verkettung wird beendet, wenn alle Einträge der FAT durchlaufen wurden. Die entsprechende Zeile der FAT enthält als

Kennzeichen den Wert hexadezimal “FFF”, der auch als Stopper oder Sentinel bezeichnet wird und das Ende der Datei (EOF) angibt.

Das fast ebenso bekannte Betriebssystem Unix benutzt zur Verwaltung der Blöcke auf dem Massenspeicher eine dreifach indirekte Struktur (Index Nodes oder kurz Inodes). Neben dem Dateinamen ist auf dem Speichermedium eine Inode-Nummer abgelegt. Diese Inode-Nummer zeigt auf einen Block, der 13 Verweise auf weitere Blöcke enthält. Zehn davon sind direkte Verweise auf Dateiblöcke dieser Datei; die restlichen drei enthalten Verweise auf weitere Inode-Blöcke. Diese drei Blöcke werden auch Single Indirect Blocks genannt. Unix erweitert diesen Mechanismus über Double Indirect Blocks bis zu Triple Indirect Blocks. Es werden somit höchstens vier Plattenzugriffe gebraucht, bevor die gesuchten Daten gelesen werden können (maximal drei Inode-Zugriffe sowie einer für die tatsächlichen Daten). Abb. 2.2 stellt diesen Sachverhalt noch einmal in grafischer Form dar.

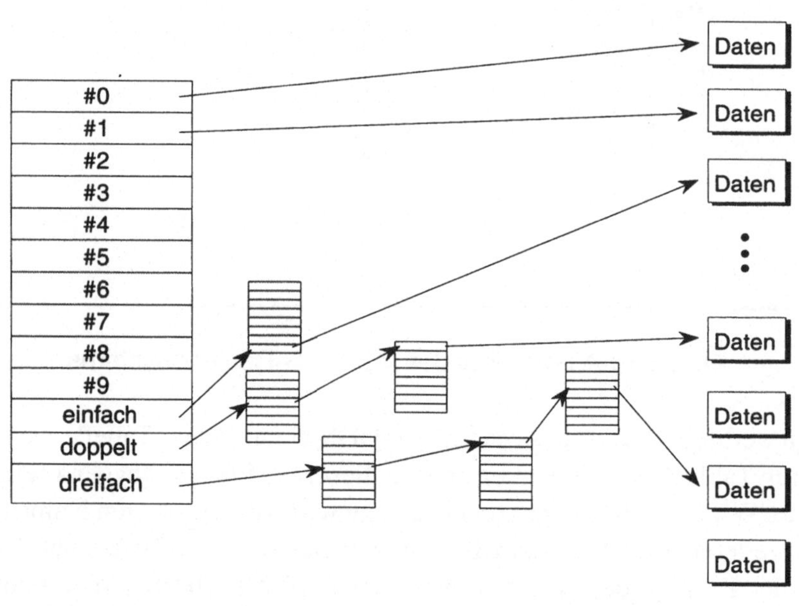

Abb. 2.2 Inode-Aufbau des Unix-Dateisystems

Für die logische Sicht der Speicherung der Daten gibt es verschiedene Modelle. Alle Modelle arbeiten nach dem Prinzip, daß abzulegende Daten mit einem repräsentativen Namen - dem Dateinamen - in ein Inhaltsverzeichnis eingetragen werden. Das Inhaltsverzeichnis enthält des weiteren auch einen Verweis auf die tatsächliche physische Lokation der Daten.

Zwei allgemein verbreitete Modelle für die Datenhaltung sollen nun kurz vorgestellt werden.

Das Großrechnerbetriebssystem VM hat ein *flaches Speichermodell*, bei dem alle Daten eines Benutzers in *ein* zentrales Inhaltsverzeichnis eingetragen werden. Eine Gruppierung der Daten ist hier nur über die Wahl geeigneter Dateinamen oder über das Speichern der Daten auf verschiedenen Platten möglich. Die letztgenannte Alternative ist allerdings zumeist hinfällig, da *normale* Benutzer unter VM nur Schreibzugriff auf eine - "ihre" - Platte haben.

Unix, OS/2 und viele andere Betriebssysteme verwenden das *hierarchische Speichermodell*. Hier können die Daten ausgehend von einem zentralen Verzeichnis (dem *Root*) auch in frei definierbaren Unterverzeichnissen abgelegt werden. Die Dateistruktur erhält einen baumartigen Charakter. Neben der Möglichkeit, Datenbestände über Unterverzeichnisse klar zu gruppieren, ist es bei diesem Speichermodell z.B. auch möglich, Datenbestände mehrerer physikalischer Platten logisch als eine erscheinen zu lassen. Unter Beibehaltung der Benutzertransparenz kann eine Platte dazu einfach als neues Unterverzeichnis in eine vorhandene Baumstruktur eingeblendet werden, und es ist unerheblich, ob die Platte tatsächlich vor Ort ist, oder ob sie lediglich über ein Netzwerk zugreifbar ist (Local Area Network (LAN), Wide Area Network (WAN)). Im letztgenannten Fall liegt dann ein netzweites, verteiltes Dateisystem vor.

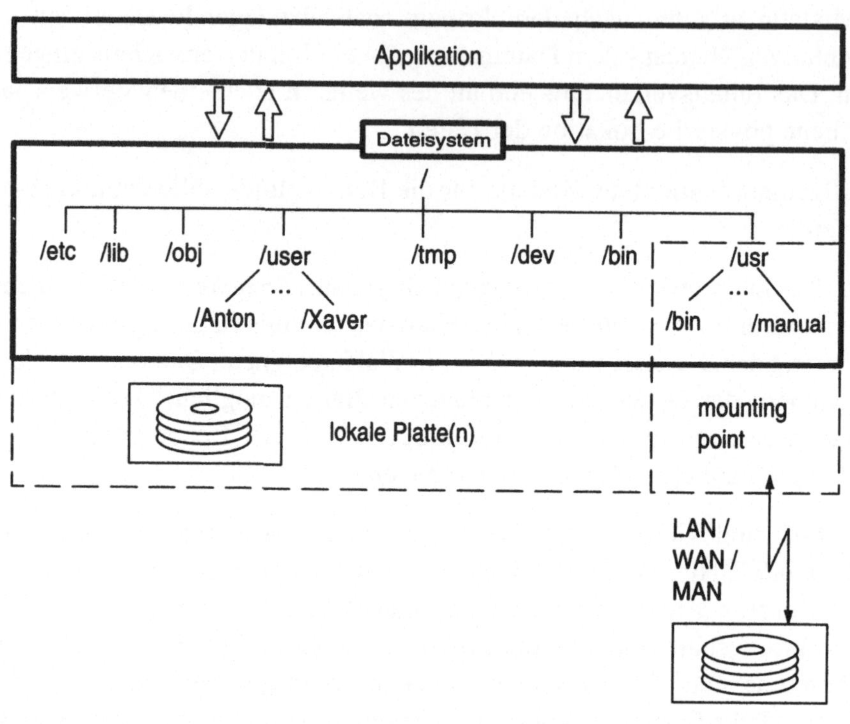

Abb. 2.3 Beispiel eines netzweiten, hierarchischen Dateisystems

2.2 Speicherverwaltung

Die meisten Mehrbenutzerbetriebssysteme arbeiten heutzutage bezüglich des Arbeitsspeichers mit virtuellem Speicher. Unter **virtuellem Speicher** versteht man den von den Anwendungen der Rechenanlage logisch verwendbaren Speicher; dieser übersteigt die Größe des physikalisch vorhandenen Speichers normalerweise bei weitem. Die Bereiche des virtuellen Speichers, die nicht im Hauptspeicher Platz finden, werden vom Betriebssystem auf Sekundärspeichern (auch Hintergrundspeicher genannt) abgelegt. Sekundärspeicher sind in der Regel schnelle

Festplatten, die oft eigene Zugriffswege haben (z.B. IBM /370 mit Selektorkanälen) Da Programme aber nur ablaufen können, wenn Daten und Code im Hauptspeicher stehen, müssen benötigte Speicherbereiche *eingelagert* werden und, sofern der Hauptspeicher keinen genügend großen freien Bereich aufweist, derzeit nicht benötigte Speicherbereiche *ausgelagert* werden. Dazu ist der virtuelle Speicher in Seiten (Pages) gleicher Größe eingeteilt, die im Hauptspeicher entsprechende Gegenstücke finden. Der Hauptspeicher kann gewissermaßen als Cache-Speicher (Zwischenspeicher) über den gesamten virtuellen Speicher gesehen werden. Sobald von einer Anwendung auf eine Seite zugegriffen wird, die nicht im Hauptspeicher vorhanden ist, liegt ein sog. Page Fault vor. Dieser Page Fault wird von der Memory Management Unit (MMU, meist integraler Bestandteil des Prozessors) festgestellt. Anhand festgelegter Seitenverdrängungs- und Einlagerungs-Strategien (FIFO, LIFO o.ä.; [Tane87]) wird dann dafür gesorgt, daß die angeforderten Speicherbereiche in den physikalischen Arbeitsspeicher gelangen. Dieses Verfahren nennt man Paging. Für die Verwaltung des virtuellen Speichers existiert ein weiteres Verfahren namens Swapping. Im Gegensatz zum Paging werden hier jedoch ganze Adreßräume ausgelagert [Silb91]. Beim Paging ist die Granularität feiner, der Verwaltungs-Overhead jedoch insgesamt größer, da es mehr Seiten als Prozesse gibt. In traditionellen Betriebssystemen wie Unix werden daher beide Varianten in Kombination eingesetzt.

Eine weitere Aufgabe des Betriebssystems bei der Speicherverwaltung ist die Bereitstellung und Überwachung der Einhaltung von Schutzattributen für Speicherbereiche. Der Intel 80386 [Inte90] beispielsweise stellt drei Attribute zur Verfügung: read only, read/write, execute. Die Verwendung dieser Attribute kann dabei zum einen wörtlich gemeint sein: execute heißt ausführbar. Dementsprechend befindet sich ein Programm in diesem Speicherbereich und der Code darf im Hauptspeicher zudem nicht überschrieben werden[1]. Zum anderen können die Attribute aber auch als Flags verwendet werden, indem z.B. Seiten, die eigentlich auch beschrieben werden dürfen, beim Einlagern zunächst als read only gekennzeichnet werden. Werden sie dann wirklich beschrieben, tritt beim Schreibversuch eine Schutzverletzung (Protection Violation) auf. Die MMU erkennt dies und setzt daraufhin das Attribut auf read/write. Soll die Seite später verdrängt werden,

---

[1] Ausnahmen wie selbstmodifizierender Code bestätigen die Regel.

erkennt die MMU anhand des veränderten Attributs, ob sich Werte verändert haben und die Seite neu auf den Hintergrundspeicher übertragen werden muß, oder ob sie einfach verworfen werden kann (wenn sie nicht modifiziert wurde).

Ferner muß seitens des Betriebssystems im Rahmen der Speicherverwaltung sichergestellt werden, daß Anwendungen nicht auf Speicherbereiche anderer Anwendungen zugreifen dürfen. Dies muß bei der Adressierung des Speichers abgefangen werden. Sofern jedoch ausdrücklich gemeinsamer Speicherzugriff erwünscht wird, kann gemeinsamer Speicher (Shared Memory) vom Betriebssystem unterstützt werden. Shared Memory bildet dann einen Teil des Adreßraums aller beteiligten Programme.

Von Seiten der Hardware muß das Betriebssystem die physikalischen Gegebenheiten der Zielmaschine beachten. Es gibt im wesentlichen zwei verschiedene Speichermodelle, die hier kurz erläutert werden sollen. Zum einen gibt es das lineare Speichermodell. Alle Speicherzellen werden dabei einfach durchnumeriert und erhalten so eine eindeutige Adresse. Ein Vertreter dieses Speichermodells ist die Prozessorfamilie 680x0 von Motorola [Jaul88]. Zum anderen gibt es das segmentierte Speichermodell. Hier wird der vorhandene Speicher zunächst in Segmente variabler Größe eingeteilt, die jedoch eine maximale Größe (z.B. 64 kB) haben. Innerhalb derer erhalten dann die Speicherzellen wieder eindeutige Adressen. Auf eine einzelne Speicherzelle kann danach durch Angabe einer Segmentadresse sowie eines Offsets zugegriffen werden; zuerst wird anhand einer Segmenttabelle die physikalische Hauptspeicheradresse des Segmentes festgestellt und danach der Offset hinzuaddiert. Ein typischer Prozessor für diese Art des Speichermodells ist der Intel 80286 [Inte87]. Beide Verfahren haben ihre Vor- und Nachteile. Zum einen kann bei der Verwendung von Segmentierung der Schutz einfacher realisiert werden (jedes Segment erhält ein separates Schutzattribut), andererseits ist die Handhabung der Segmenttabellen umständlich und die Segmente sind meist in ihrer Größe begrenzt. Linearer Adreßraum ist einfacher zu handhaben, bietet jedoch schlechtere Schutzmöglichkeiten (meist auf Seitenbasis).

2.3 Prozeßverwaltung

Für die Initiierung von neuen Tasks ist die vordergründige Aufgabe natürlich die Bereitstellung von Speicher zur Ausführung der Anwendung. Bei der Terminierung von Prozessen ist die Freigabe von Speicher erforderlich und zwar so, daß tatsächlich *alle* verwendeten Speicherbereiche freigegeben werden. Dies ist nicht ganz so trivial, wie es sich anhören mag, da z.B. betriebssysteminterne Speicherbereiche für die Verwaltung von Prozessen ebenfalls eine Speicherressource darstellen. Garbage Collection ist ein möglicher Ansatz zur Lösung dieses Problems. Hier werden alle als belegt markierten Speicherbereiche regelmäßig auf tatsächliche Verwendung hin überprüft und eventuell wieder der Freispeicherverwaltung neu zugeordnet.

Da meist mehrere Prozesse an der Lösung eines Problems beteiligt sind, müssen diese in gewissen Zeitabständen miteinander kommunizieren. Die Kommunikation von Prozessen untereinander - die IPC (Inter Process Communication) - kann über zwei Basismechanismen erfolgen: gemeinsamer Speicher (Shared Memory) und Nachrichten.

Unter **Shared Memory** versteht man das gemeinsame Zugriffsrecht von mehreren Prozessen auf den gleichen Speicherbereich. Um diesen allerdings sinnvoll zu nutzen, sind Mechanismen zur Prozeßsynchronisation erforderlich; ein kleines Beispiel verdeutlicht das. Will Prozeß A im gemeinsamen Speicher Daten ablegen, die für eine gewisse Zeit unveränderbar sein sollen, so müssen alle Schreibzugriffe anderer Prozesse für diese Zeitspanne verhindert werden; Lesezugriffe hingegen sind erlaubt. Man bezeichnet die Phase, in der ein Prozeß Exklusivrecht auf ein ansonsten gemeinsam genutztes Betriebsmittel hat, als kritischen Abschnitt. Zur Lösung dieses Problems werden Semaphore oder Monitore verwendet. Semaphore regeln den Zugriff auf Betriebsmittel; für jedes zu synchronisierende Betriebsmittel gibt es einen Semaphor. Physikalisch gesehen ist ein Semaphor eine Integervariable mit einer zugeordneten Warteschlange. Will ein Prozeß das Betriebsmittel nutzen, dekrementiert er die Variable. Hat diese einen Wert kleiner Null, wird er in die Schlange der auf dieses Betriebsmittel wartenden Prozesse eingereiht. Andererseits erhöht jeder Prozeß beim Freigeben des Betriebsmittels die Variable wieder um eins, so daß im Laufe der Zeit alle wartenden Prozesse zum Zuge kommen (sollten). Der Semaphor garantiert, daß jeweils nur genau ein Prozeß das betreffende

Betriebsmittel erhält. Die Operationen, die der privilegierte Prozeß auf dem Betriebsmittel dann ausführen kann, unterliegen keiner Einschränkung. Da die Operationen zum Dekrementieren, Inkrementieren, Eintragen in Warteschlangen und Austragen aus Warteschlangen aus naheliegenden Gründen atomar sein müssen, verpackt man diese Operationen gewöhnlich in Unterprogramme, die dann durch spezielle, vom jeweiligen Prozessor abhängige Mechanismen atomar sind. Im Gegensatz dazu stehen Monitore. Auch Monitore sind Programmroutinen, und auch diese können den gemeinsamen Zugriff auf ein Betriebsmittel regeln. Es wird jedoch ein semantisch höheres Niveau erreicht, da hier nicht nur das Nutzungsrecht vergeben wird, sondern es werden auch die möglichen Zugriffsoperationen auf gemeinsame Variablen festgelegt. Die Nutzung der in einem Monitor vereinbarten Funktionen ist dann wechselseitig ausgeschlossen.

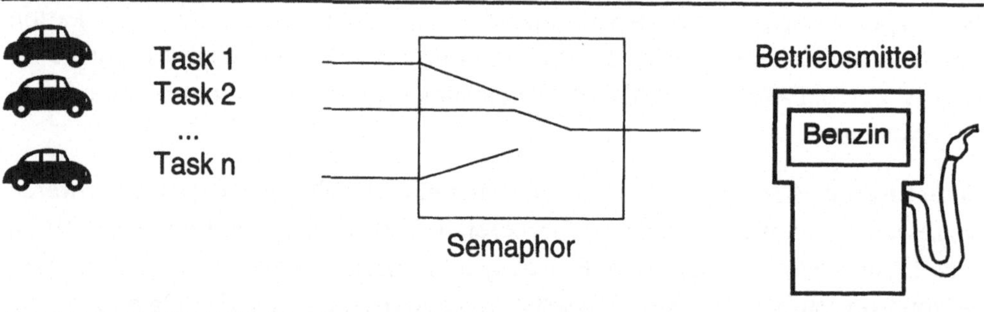

Abb. 2.4 Semaphor als Zugangs-"Schleuse" zu einem Betriebsmittel

Wollen Prozesse über Shared Memory kommunizieren, so ist natürlich für die Zugriffsreihenfolge (Sender-Empfänger) und das sofortige “Abholen” der Übergabewerte zu sorgen. Man spricht hier deshalb auch von enger zeitlicher Kopplung.

Der Austausch von Nachrichten ist die zweite Form der Kommunikation von Prozessen. Diese Möglichkeit der Prozeßkommunikation ist zeitlich entkoppelt, da zwischen Absenden und Empfangen von Nachrichten unvorhersagbar lange Zeitspannen liegen. Nachrichten werden dabei zunächst in einen Puffer geschrieben, aus dem sie vom Empfänger der Reihe nach entnommen werden. Dem Betriebssystem kommt hier die Aufgabe zu, zum einen die notwendigen, logischen Komponenten zur Verfügung zu stellen sowie zum anderen die Mechanismen für die Nachrichtenübertragung zu unterstützen. Zum erstgenannten zählen die Briefkästen für Nachrichten, die je nach Betriebssystem Ports, Mailboxes o.ä. genannt werden, und die Nachricht Anwendung ist. Der Austausch von Daten erfolgt mittels Übergabeparametern. Ein RPC ist also ein transparenter Adreßraumwechsel, da die Aktivität des Aufrufers zeitweilig auf den aufgerufenen Dienst übergeht. Ein Trap dagegen ist vergleichbar mit einer Falltür mit eingebauter Leiter; es gibt also sowohl einen definierten Einstieg in die Dienstroutine als auch einen Ausstieg. Von besonderem Interesse ist dabei der Kernel Trap, der von den Anwendungen benutzt wird, um Funktionalitäten des Betriebssystemkerns Anwendung ist. Der Austausch von Daten erfolgt mittels Übergabeparametern. Ein RPC ist also ein transparenter Adreßraumwechsel, da die Aktivität des Aufrufers zeitweilig auf den aufgerufenen Dienst übergeht. Ein **Trap** dagegen ist vergleichbar mit einer Falltür mit eingebauter Leiter; es gibt also sowohl einen definierten Einstieg in die Dienstroutine als auch einen Ausstieg. Von besonderem Interesse ist dabei der Kernel Trap, der von den Anwendungen benutzt wird, um Funktionalitäten des Betriebssystemkerns zu nutzen. Der Trap-Mechanismus sorgt ebenfalls für einen Adreßraumwechsel; "unter" der Falltür befindet sich der Adreßraum des Betriebssystems, "über" der Falltür der der Applikation.

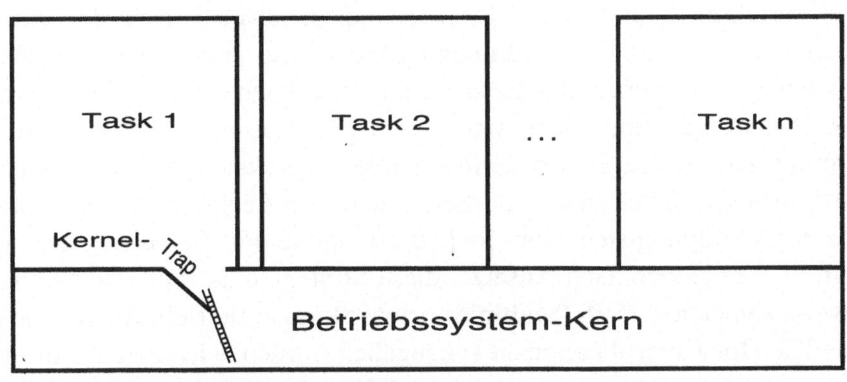

Abb. 2.5 Trap: eine Falltür mit Leiter

2.4 Prozessorverwaltung

Solange es sich um ein Single Task und Single User Betriebssystem handelt, kann dieser Aspekt vernachlässigt werden, denn der einzigen Task wird natürlich auch die gesamte Rechenleistung zugewiesen. Sobald aber mehrere Anwendungen mit mehreren Benutzern konkurrierend zur Ausführung kommen sollen, muß die vom System angebotene Rechenleistung "fair" verteilt werden. Diese Aufgabe nennt man auch **Scheduling**. Prämisse ist dabei: kein Prozeß wartet ewig und jeder Prozeß terminiert nach endlicher Zeit .

Das wohl bekannteste Verfahren zur Verteilung von Rechenzeit dürfte das Round Robin Verfahren sein, bei dem die verfügbare Rechenzeit in Zeitscheiben gleicher Größe eingeteilt wird. Alle zur Ausführung bereiten Prozesse erhalten hier "reihum" Rechenzeit. Ferner besitzt jeder Prozeß eine Priorität und es gilt, je höher die Priorität, desto mehr Rechenzeit - aber kein Prozeß wird ausgelassen. Ferner gibt es eine Mindestrechenzeit bei jedem Durchgang für jeden Prozeß, um ein vernünftiges Verhältnis von effektiver Rechenzeit des Prozesses zum Scheduling Overhead zu erhalten. Letzterer ergibt sich dadurch, daß für jeden neu auszuführenden Prozeß die Ausführungsumgebung wiederhergestellt werden muß, die aktuell war, als der Prozeß zuletzt unterbrochen wurde. Dazu müssen Prozessorregister, Seitentabellen und Speicherinhalte der bisher aktiven Task gegen die der neuen Task ausgewechselt werden. Diesen Vorgang nennt man auch Task Switch oder Context Switch.

Andere Verfahren bedienen die Prozesse beispielsweise nach der kürzesten Restbedienzeit (SRPT, Shortest Remaining Processing Time) oder der bisherigen Verweildauer im System. Auch diese Verfahren können optimal zur Verwaltung einer Rechenanlage sein, jedoch sind hierzu Informationen über die Dauer der Ausführung eines Auftrages erforderlich. Für Betriebssysteme wie Unix oder OS/2 scheint dies nicht möglich zu sein, da die Dauer bis zur Beendigung eines Auftrages von der zur Verfügung stehenden Rechenzeit sowie der Auslastung der Anlage abhängt. Es gibt jedoch auch Ansätze, diese Strategien zu implementieren. Beispielsweise kann unter MVS (Multiple Virtual Storage; Betriebssystem von IBM) über die JCL (Job Control Language) angegeben werden, wie lange der in Auftrag gegebene Job maximal bearbeitet werden soll [Deit84]. Wird diese Zeit überschritten, bricht das Betriebssystem den Prozeß ab.

Die Ausführung einer Anwendung kann nicht nur vom Scheduling unterbrochen werden. Es gibt darüber hinaus noch Interrupts und Exceptions. **Interrupts** werden hardwaremäßig ausgelöst, wenn bestimmte Bedingungen eingetreten sind. Die Ready-Meldung des Druckers oder die Bewegung der Maus werden als Device Interrupts bezeichnet; das Ende eines Zeitintervalls löst einen Timer Interrupt aus. Das Betriebssystem muß diese Interrupts zur Kenntnis nehmen und darauf reagieren. Dazu wird der aktive Prozeß unterbrochen und es wird eine Routine zur Bearbeitung des Interrupts aktiviert; beispielsweise erhält der Drucker neue Daten oder die Maus wird anhand der festgestellten Bewegung neu positioniert. Sogar das Scheduling selber funktioniert nach diesem Prinzip, denn der vorhandene Timer unterbricht den aktiven Prozeß in regelmäßigen, sehr kurzen Abständen (typischerweise alle 100 Millisekunden). Die über den Timer Interrupt aktivierte Scheduling-Routine prüft daraufhin, ob die Zeitscheibe für den zuletzt aktiven Prozeß bereits abgelaufen ist. Ist dies der Fall, dann wird eine neue Task aktiviert; andernfalls wird die Bearbeitung der bisherigen Task fortgeführt.

Eine Ausnahme (**Exception**) ist beispielsweise das Schreiben auf eine Speicherseite, für die nur Lesen erlaubt ist. "Normalerweise" darf das natürlich nicht vorkommen, aber eine Exception ist ja gerade das Auftreten von Ausnahmen. Die Behandlung dieser Ausnahme kann in diesem Beispiel so aussehen, daß für diese Speicherseite der Schreibschutz aufgehoben wird und somit auch geschrieben werden darf. Der Benutzer wird von dieser Aktion nichts mitbekommen; die Behebung des Fehlers erfolgt also benutzertransparent. Anders verhält es sich bei einer Exception, die dadurch ausgelöst wird, daß in einem Programm mit Fließkommaberechnungen durch 0 dividiert wird. Diese Ausnahme kann normalerweise nicht behoben werden und führt zum Programmabbruch; die Exception wird nicht benutzertransparent behandelt. Es gibt jedoch auch Ansätze, die Division durch 0 in einer Exception abzufangen.Da eine Division durch Zahlen nahe Null sehr große Ergebniswerte liefert, wird bei diesem Ansatz mit dem größtmöglichen Zahlenwert als Ergebnis fortgefahren. Weitere Beispiele für das Auftreten von Exceptions sind die Fehladdressierung von Seiten oder auch die Nichtverfügbarkeit von Ressourcen durch physikalischen Ausfall.

2.5 Ein-/Ausgabesystem

Aufgabe dieses Aspekts eines Betriebssystem ist zum einen die Einbindung aller vorhandenen Ein- und Ausgabegeräte sowie zum anderen die Implementierung von geeigneten Schnittstellen für die Anwendungsprogramme. Ein- und Ausgabegeräte sind zumeist nur exklusiv benutzbar; einen Drucker parallel von zwei Anwendungen zu nutzen, ergibt wenig Sinn. Deshalb müssen hier Vorkehrungen zur Vermeidung von Verklemmungen getroffen werden. Eine **Verklemmung** (Deadlock) liegt im einfachsten Fall vor, wenn der Prozeß A derzeit das Betriebsmittel X besitzt und Y anfordert, der Prozeß B hingegen Y besitzt und X anfordert. Exklusivität kann über die zuvor beschriebenen Semaphore oder auch Monitore erreicht werden. Damit aber auch Verklemmungen nicht auftreten, müssen besondere Mechanismen benutzt werden. Ohne Anspruch auf Vollständigkeit seien hier die drei verschiedenen Möglichkeiten zur Verklemmungsbehandlung angeführt.

Verklemmungsvermeidung: Die Bedingungen für einen Prozeß, um überhaupt ein Betriebsmittel zu bekommen, sind so ausgelegt, daß ein Deadlock erst gar nicht auftreten kann. Ein Vertreter dieser Kategorie ist beispielsweise die Methode der globalen Betriebsmittelanforderung, bei der jeder Prozeß während seiner Laufzeit genau einmal eine Menge von Betriebsmitteln anfordern darf und diese dann sukzessive wieder freigibt. Die einzige Einschränkung ist dabei, daß natürlich nicht mehr Ressourcen angefordert werden dürfen, als den Prozessen insgesamt in der Rechenanlage zur Verfügung stehen.

Verklemmungserkennung und -beseitigung: Anhand von speziellen Algorithmen werden die derzeit aktiven Prozesse laufend hinsichtlich der Belegung von Ressourcen überprüft. Die in der Literatur vorgeschlagenen Algorithmen, unterscheiden sich hauptsächlich bezüglich des Laufzeitverhaltens. Wird ein Deadlock erkannt, so werden - eventuell unter Berücksichtigung der Kosten - einem oder mehreren Prozessen Betriebsmittel entzogen. Die betroffenen Prozesse müssen daraufhin neu gestartet werden.

Verklemmungsverhinderung: Die Anforderungen der aktiven Prozesse werden laufend daraufhin kontrolliert, ob sie zu einer Verklemmung des Systems führen können. Erfüllt werden schließlich nur solche Anforderungen, die das System stets in “sicheren Zuständen” belassen.

Für Ein- und Ausgabegeräte gilt - je nach Zielsetzung und Philosophie des Betriebssystems -, daß z.B. jedem Benutzer das Vorhandensein eines eigenen Druckers simuliert wird (VM) oder daß ein von allen aktiven Prozessen nutzbarer "globaler" Drucker (Unix) angeboten wird. Ferner erfahren blockorientierte Geräte wie etwa Streamer eine andere Behandlung als zeichenorientierte Geräte (z.B. Terminals). Da Geräte zumeist Daten sehr viel langsamer verarbeiten, als eine Rechenanlage sie zur Verfügung stellen kann, werden die Geräte zeitlich überlappend bedient. Während also Drucker 1 noch dabei ist, die ihm zuvor in seinen Blockpuffer übertragenen Daten zu drucken, kann das System bereits Daten in den Puffer von Drucker 2 übertragen. Zeichenorientierte Geräte benötigen dabei eine sehr viel öftere Bedienung als blockorientierte, da letzteren größere Datenmengen zur selbständigen Bearbeitung übergeben werden können.

2.6 Logischer Aufbau eines Betriebssystems

Die soeben vorgestellten Mechanismen müssen in geeigneter Weise implementiert werden. Seitens des Benutzers ist das Betriebssystem nichts anderes als ein elementares Programm, welches immer läuft und auf dem aufsetzend alle anderen Programme zur Ausführung gelangen. Intern wird das Betriebssystem aber noch in den Betriebssystemkern und die "übrigen Teile" aufgeteilt. Der Betriebssystemkern (oder auch Kernel) implementiert wenige, aber absolut elementare Operationen für das Betriebssystem, also z.B. das Anlegen neuen Speichers. Verwendet eine Applikation gerade eine solche Operation des Kernels, so sagt man, sie befindet sich im Kernel Mode. Die Ausführung aller anderen Operationen des Betriebssystems erfolgt im sog. User Mode. In herkömmlichen Systemen kann jeweils nur eine Applikation im Kernel Mode aktiv sein, während im User Mode Applikationen parallel bedient werden können. Liegt wie bei Mach jedoch ein Multithreaded Kernel vor, dann können auch die Kernel-Operationen parallel ausgeführt werden. Allerdings ist es dann in besonderem Maße erforderlich, daß Kernel Mode Operationen sich nicht gegenseitig beeinflussen. Die Anzahl der im Kernel aktiven Threads sollte dazu beispielsweise begrenzt werden, was durch einen Thread-Pool erreicht werden kann, dessen Größe fest vorgegeben ist.

Werden alle Funktionen des Betriebssystems in einen einzigen Adreßraum eingebunden, so spricht man von einem monolithischen Betriebssystem. Neuere Betriebssysteme wie Mach, Chorus oder das angekündigte MS-Windows NT gehen dazu über, die Funktionalitäten des Betriebssystemkerns in Micro-Kernel (µ-Kernel) zusammenzufassen und alle User Mode Funktionen in jeweils logisch gegliederte Server einzuteilen. Vorteile dieser Vorgehensweise sind zum einen, daß der Kernel sehr klein und übersichtlich ist und stark optimiert werden kann, sowie zum anderen, daß das Betriebssystem sehr leicht durch neue Server ergänzt werden kann, die die Funktionalität des Betriebssystems stark erweitern. Ein entsprechender Server kann in einem so konzipierten Betriebssystem als Emulator für ein anderes Betriebssystem eingesetzt werden. BSD 4.3 Unix wird unter Mach 3.0 bereits auf diese Weise emuliert und weitere Server sind in Vorbereitung (s. Kapitel 10). Auch die MS-DOS-Funktionalität unter Mach 3.0 und MS-Windows NT wird auf diese Weise erreicht.

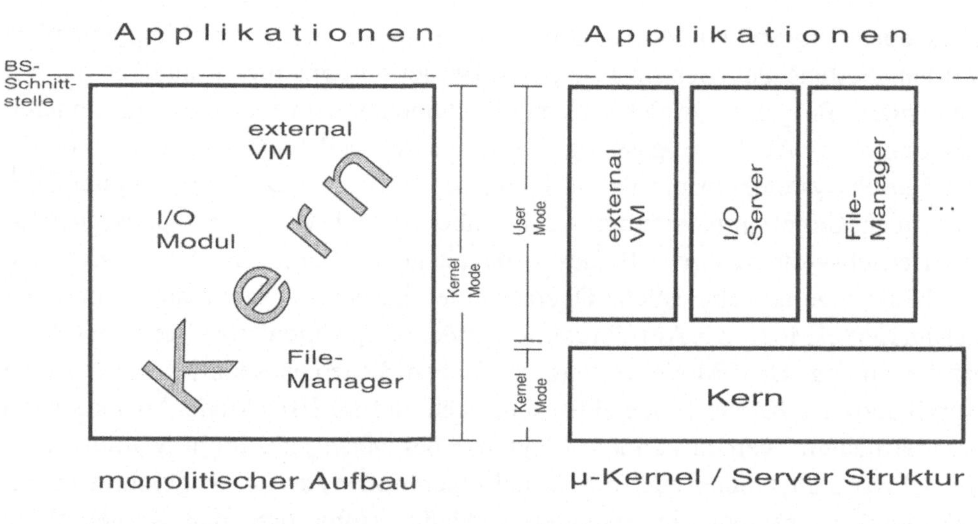

Abb. 2.6 Möglichkeiten zum Aufbau eines Betriebssystems

2.7 Verteilte Systeme

Dieser letzte Teil der einführenden Betrachtungen zum Thema Betriebssysteme soll einen Ausblick auf die Funktionsweisen und Möglichkeiten verteilter Betriebssysteme geben.

Verteilte Betriebssysteme finden sich überall dort, wo physikalisch verteilte Ressourcen nur über Netzwerke miteinander verbunden sind und dabei dem Benutzer als eine logische Einheit erscheinen sollen. Die Rechensysteme können dabei durchaus heterogener Natur sein, d.h. sie können sich aufgrund angebotener Leistung und Architektur grundlegend voneinander unterscheiden. Die Netzwerke, die die Rechner miteinander verbinden, werden je nach Ausdehung LAN (Local Area Network), WAN (Wide Area Network) oder MAN (Metropolitan Area Network) genannt.

Es gibt im wesentlichen vier Gründe, verteilte Systeme zu implementieren: gemeinsame Benutzung von Ressourcen, Erhöhung der Rechenleistung, Zuverlässigkeit und Kommunikation [Silb91].

Eine gemeinsame Benutzung von Ressourcen stellt beispielsweise das unter dem Punkt Dateiverwaltung erwähnte netzweite Dateisystem dar. Aber auch die Nutzung eines Druckers, der nicht "vor Ort" ist, zählt zu diesem Aspekt.

Die Erhöhung der Rechenleistung kann zum einen dadurch erreicht werden, daß parallel ausführbare Operationen auf unterschiedliche Knoten des Netzwerkes verteilt werden und somit wirklich parallel ausgeführt werden. Zum anderen ist es möglich, Aufgaben eines stark ausgelasteten Knotens an weniger beanspruchte Knoten abzugeben. Diese Vorgänge erfolgen benutzertransparent.

Die Zuverlässigkeit einer Anlage wird insofern erhöht, als der Ausfall eines Knotens nicht den Ausfall der gesamten Rechenanlage zur Folge hat. Der Ausfall eines Knotens oder auch nur der Zusammenbruch der Verbindung zu einem Knoten muß vom Betriebssystem erkannt werden, und das System muß danach unter Berücksichtigung dieser Tatsache weiterarbeiten können.

Kommunikation ist der am meisten eingängige, vorteilhafte Aspekt eines verteilten Systems. Nachrichten können frei und sicher zwischen allen im Netz etablierten

Benutzern ausgetauscht werden. Aber auch Prozesse können im Netz miteinander kommunizieren, um etwa Ergebnisdaten zu übergeben.

Die Anforderungen an ein verteiltes Betriebssystem gehen weit über die an ein "normales" Betriebssystem hinaus [Mull89]. Die zur Lösung anstehenden Problematiken sollen hier kurz erwähnt werden, ohne detailliert auf einzelne Punkte einzugehen.

- Welche Übertragungsprotokolle für Nachrichten gibt es und wie werden die Nachrichten gegen unberechtigten Zugriff geschützt?
- Wie wird das Dateisystem aufgebaut: netzweit oder lokal und woher "weiß" das Betriebssystem in letzterem Fall die Lokation einer Datei?
- Auf welchem Rechner wird welche Anwendung ausgeführt; welche Daten werden dazu auf welchem Rechner verwaltet?
- Wie werden Applikationen synchronisiert, die auf verschiedenen Knoten ausgeführt werden und somit auch verschiedenen Clocks unterliegen?
- Wie werden Deadlocks aufgefunden bzw. von vorn herein verhindert, die sich über verschiedene Knoten erstrecken?
- Wie wird der Ausfall eines Knotens oder der Ausfall einer Kommunikationsleitung entdeckt und wie wird in einem solchen Fall darauf reagiert?

Dies sind nur die wichtigsten Aspekte. Eine eingehendere Behandlung der Problematiken und Ansätze zur Lösung findet sich z.B. in [Silb91].

3 Grundlegende Konzepte von Mach

Dieses Kapitel soll zum einen eine Beschreibung der Elemente des Mach-Betriebssystem-Kerns vermitteln sowie zum anderen deren Zusammenspiel aufzeigen. Letzteres kann jedoch nur geschehen, wenn die einzelnen Elemente zuvor zumindest in ihren Grundzügen bekannt sind. Dementsprechend beginnt dieses Kapitel auch zunächst mit einer übersichtsartigen Vorstellung der Komponenten, bevor sich dann die genauere Beschreibung der Elemente des Kernels und der Methoden anschließt.

3.1 Elemente des Mach Kernels

Multitasking-Betriebssysteme wie Unix [Ritc74] oder VMS [Deit84] untergliedern parallel ausführbare Operationen bzw. Programme in **Tasks** oder Prozesse; jedes zur Ausführung bereite Anwendungsprogramm stellt einen solchen Prozeß dar. Auch Mach kennt diese Tasks, jedoch läßt sich eine Task in Mach weiter in sog. **Threads** untergliedern und dies sind hier die eigentlichen Aktivitätsträger.

Eine Task ist ein abstraktes Gebilde, das selbst keine (oder genauer: nur sehr wenige vorgegebene) Operationen ausführen kann [Acce86]. Sie stellt lediglich den "Arbeitsraum" für die enthaltenen Threads dar, indem sie die Ressourcen für die Threads verwaltet. Jede Task enthält mindestens einen Thread. Die Ressourcen sind im wesentlichen der verfügbare Adreßraum und der sog. Port Name Space, über den die gesamte Kommunikation von Threads verschiedener Tasks abgewickelt wird. Der Zustand einer Tasks setzt sich hauptsächlich aus den enthaltenen Threads, dem adressierbaren, virtuellen Speicher, dem Port Name Space sowie diversen weiteren Parametern (Statistiken, Kernel-internen Parametern, etc.) zusammen. Neue Tasks werden mit vorgegebenen Werten erzeugt; es ist jedoch auch möglich, Eigenschaften (wie z.B. Teile des Port Name Space) oder Inhalte von Adreßräumen bestehender Tasks an neue Tasks (Child-Tasks) zu vererben [Loep91].

Ziel von Mach ist unter anderem, eine Unix-kompatible Schnittstelle zu unterstützen, und deshalb muß unter Mach auch das Unix-Prozeßmodell unterstützt werden. Dieses erfolgt in sehr einfacher Weise: ein Prozeß im Unix-Modell entspricht einer Task mit nur einem Thread im Mach-Modell.

Ein Thread ist im Mach-Modell ein sog. "execution point of control", eine elementare Ausführungseinheit [Rash86a]. Da er jedoch - im Gegensatz zu einem Prozeß im herkömmlichen Sinne - keinen eigenen Adreßraum hat (diesen stellt ja die Task zur Verfügung), nennt man einen Thread auch einen leichtgewichtigen Prozeß. Da in einer Task viele Threads enthalten sein können, ist unmittelbar einsichtig, daß innerhalb einer Task die gemeinsame Benutzung von Speicherbereichen sowie der Nachrichtenaustausch zwischen den Threads erheblich vereinfacht wird. Dies ist aber nicht der einzige Vorteil, denn normalerweise haben verschiedene Threads auch sehr unterschiedliche Aufgaben, die ganz separat und ohne Kommunikation mit anderen Threads zu lösen sind. Viel entscheidender ist hingegen die Tatsache, daß in einer entsprechenden Multiprozessorumgebung die parallele Ausführung von Threads ermöglicht wird.

Der Zustand eines Threads besteht im großen und ganzen aus dem Zustand "seiner" Prozessorregister, seinem Stack, dem derzeitigen Ausführungszustand, den speziellen Scheduling-Parametern des Threads, wenigen thread-spezifischen Port-Rechten sowie diversen Statistiken. Für den Ausführungszustand eines Threads gibt es vier mögliche Werte: als running wird ein Thread bezeichnet, der sich gerade in Ausführung befindet; waiting bzw. ready to run ist ein Thread, der zur Ausführung bereit ist, dem aber derzeit keine Rechenzeit zugeordnet wurde; suspended nennt man einen Thread, der zur Zeit nicht weiter ausgeführt werden kann, da z.B. die Zuteilung eines Betriebsmittels momentan nicht möglich ist; terminated schließlich kennzeichnet einen Thread, der seine Arbeit eingestellt hat.

Das soeben vorgestellte Modell von Tasks und Threads wird in [Ertl90] sehr anschaulich beschrieben. Eine Task ist demnach zu verstehen als ein Bürogebäude, das sämtliche Hilfsmittel zur Erledigung der Arbeit zur Verfügung stellt, "vom Bleistift bis zum Rechenzentrum". Die Threads sind in diesem Bild die Angestellten, die innerhalb des Gebäudes ihre Arbeit verrichten. Sie tun dies einleuchtenderweise parallel und asynchron.

In der Regel kann ein Thread seine Aufgaben selbständig erledigen, es ist aber auch des öfteren erforderlich, daß der Thread mit anderen Threads Verbindung aufnehmen muß. Die Kommunikation von Threads kann auf zwei unterschiedliche Arten geschehen: befinden sich die Threads in einer Task, so können sie Werte globaler Variablen über Speicherbereiche austauschen, da alle Threads einer Task ja den gleichen Adreßraum besitzen; befinden sie sich in verschiedenen Tasks, werden sog. Ports benutzt, die die jeweiligen Tasks zur Verfügung stellen. Jeder **Port** ermöglicht die Kommunikation in genau eine Richtung, und um auf einen Port - lesend oder schreibend - zugreifen zu können, bedarf es eines entsprechenden Rechtes dazu. Es gibt Leserechte und Schreibrechte, wobei das Leserecht auf einen Port nur genau einmal vergeben werden kann. Wie bei einem (idealerweise nur von einer Person zu entleerenden) Briefkasten ist der Empfangsberechtigte an einem Port also stets eindeutig. Schreiber auf einen Port kann es dagegen mehrere geben. Die Anzahl der Schreiber wird in einem sog. Reference Count für jeden Port mitgeführt und bei Vergabe bzw. Entzug eines Senderechtes auf einen Port entsprechend inkrementiert oder dekrementiert. Der Zustand eines Ports wird neben den verschiedenen Schreib- und Leserechten noch durch den Inhalt der Warteschlange (Message Queue) des jeweiligen Ports bestimmt, die jedem Port in frei zu bestimmender Größe vorgeschaltet ist.

Über Nachrichten (Messages) können Threads mit dem Kernel oder den anderen Servern des Betriebssystems kommunizieren um z.B. Ressourcen der Server zu benutzen oder andere entfernte Funktionalitäten anzustoßen.

Port Rights bestimmen, wer in welcher Weise welche Ports benutzen darf. Die möglichen Rechte an einem Port sind Receive Right, Send Right und send-once Right. Während die ersten beiden Rechte dauerhaft sind, zerstört sich das send-once Right nach Benutzung durch den augenblicklichen Halter des Rechts selbst. Rechte können zwischen Tasks zum einen über Messages weitergegeben werden zum anderen können sie beim Erzeugen einer neuen Task vererbt werden.

Nachrichten werden zwischen zwei über einen Port verbundenen Tasks ausgetauscht. Die Nachrichten erhalten besondere Bedeutung dadurch, daß ihr Verbleiben in einer Message Queue einen in der Nachricht enthaltenen Zustand über eine gewisse Zeit konservieren kann. Dies ist insbesondere insofern von Interesse, als mit Nachrichten auch Rechte an gewissen Ports verschickt werden können als auch dadurch, daß über Nachrichten das virtuelle Kopieren von Speicherbereichen abgewickelt wird. So können z.B. Erzeuger / Verbraucher-Ketten einfach implementiert werden, ohne daß Erzeuger und Verbraucher zeitlich synchronisiert werden müssen.

Die Rechte, die eine Task (und damit die enthaltenen Threads) an verschiedenen Ports hat, werden in jeder Task anhand eines Port Name Space festgehalten. Dieser ist dann für eine Task so etwas wie eine Adreßliste inklusive der entsprechenden Zugriffsrechte. Die Einträge in diesen Port Name Space können die folgenden Werte annehmen: bei *PORT_NULL* existieren keine Rechte für diesen Port; *PORT_DEAD* kennzeichnet den Fall, daß es ein Recht für diesen Port gab, aber dieser Port existiert nicht mehr; ein Port Set Name kennzeichnet ein spezielles Receive Recht; schließlich spezifiziert die Angabe eines der o.a. Rechte die Zugriffsmöglichkeiten an einem Port.

Ein **Port Set** ist eine Menge von Ports, zu der eine Task das Empfangsrecht hat. Übt die Task das Receive Right aus, wird - ohne Berücksichtigung von Prioritäten - eine Nachricht von irgendeinem Port aus dem Port Set empfangen; natürlich werden nur solche Ports berücksichtigt, die auch eine Nachricht in der Warteschlange haben. Die Task, die das Receive Right an dem Port Set hat, kann nicht direkt von einem Port des Port Sets Nachrichten empfangen; dies geht nur über das Port Set selbst.

Wie bereits oben erwähnt, ist virtueller Adreßraum Bestandteil einer jeden Tasks. Der Adreßraum bestimmt die für jeden in der Task enthaltenen Threads gültigen Speicheradressen. Er ist unterteilt in Speicherseiten (Pages), deren Attribute (z.B. read only oder execute) innerhalb einer Tasks frei gesetzt werden können. Der Effizienz halber werden Pages mit gleichen Attributen vom Kernel in speziellen Speicherbereichen zusammengefaßt. Allerdings geschieht dies ohne Einflußnahme der Task bzw. des Threads. Der Kernel kann diese Bereiche auch willkürlich wieder aufteilen; für den Thread bleibt dies jedoch unsichtbar. Virtueller Adreßraum wird angelegt, wenn eine neue Task generiert wird; mit dem Tod der Task wird er wieder zerstört.

Eine zentrale Rolle bei der Speicherverwaltung in Mach kommt den sog. **Virtual Memory Objects** (VM-Objekte) zu. Jede Adresse, die eine Task adressieren kann, ist Bestandteil eines VM-Objekts. Fordert eine Task neuen Speicher an, so wird dieser einem Default VM-Objekt zugewiesen. Eine Task kann aber auch eigene VM-Objekte erzeugen. VM-Objekte können z.B. sehr sinnvoll dafür genutzt werden, logisch zusammengehörige Datenstrukturen eindeutig zu referenzieren. Eine über Zeiger verkettete Baumstruktur kann logisch auch als ein VM-Objekt angesehen werden, sofern der Speicher, der für ein neues Element dieser Struktur benötigt wird, stets unter Bezugnahme auf das entsprechende VM-Objekt angefordert wurde.

VM-Objekte können maximal so groß werden, wie der adressierbare Bereich einer Task groß sein kann, abzüglich der Code-Elemente und Stacks der enthaltenen Threads. Da mittels des virtuellen Speichers aber auch Gigabyte-Anwendungen möglich werden, kann der physikalisch vorhandene Hauptspeicher nur Teile des Adreßraums einer Task und somit auch ggf. nur Teile eines VM-Objekte enthalten. Vereinfachend kann der Hauptspeicher deshalb als Cache-Speicher (Zwischenspeicher) von VM-Objekte angesehen werden.

Die Instanz, die VM-Objekte verwaltet, ist ein Memory Manager. Werden Bereiche eines VM-Objekts referenziert, die nicht aktuell im Hauptspeicher eingelagert sind, werden sie durch den Memory Manager vom Sekundärspeicher in den Hauptspeicher übertragen. In Mach werden interne und externe Memory Manager unterschieden. Ein interner Memory Manager handhabt beispielsweise die Anforderung und Freigabe von Speicher über die Befehle vm_allocate bzw. vm_deallocate. Ein externer Memory Manager kann beispielsweise zur Realisierung des Memory Mapped File Mechanismus verwendet werden. Dieser Mechanismus bewirkt, daß die Referenzierung von Daten aus einer Datei durch eine Anwendung zur Folge hat, daß die gesamte Datei als separates VM-Objekt in den virtuellen Adreßraum der zugehörigen Task eingeblendet wird. Natürlich unterliegt auch dieses VM-Objekt bei entsprechender Beanspruchung des Hauptspeichers der Notwendigkeit der Auslagerung. Der externe Memory Manager sorgt dann dafür, daß zum einen die von der Anwendung referenzierten Bereiche der Datei im Hauptspeicher vorliegen und zum anderen, daß Änderungen in der Datei beim Verdrängen von Teilen des VM-Objekts auch auf den Sekundärspeicher gesichert werden.

Der Vollständigkeit halber sollen an dieser Stelle auch noch die folgenden Kernel-Elemente genannt werden, die allerdings für das Verständnis der sich anschließenden detaillierten Beschreibung der bisher vorgestellten Kernel-Elemente nicht von grundlegender Bedeutung sind:

Ein **Processor** wird als Einheit gesehen, die die Rechenleistung zur Ausführung von Threads zur Verfügung stellt. Mehrere Prozessoren werden in Mach zu Processor Sets zusammengefaßt aber auch in der klassischen 1-Prozessor-Maschine ist der eine Prozessor wegen der Erhaltung des Modells einem Processor Set zugeordnet. Für das Scheduling werden Threads jeweils einem Processor Set zugewiesen und von diesem abgearbeitet. Processor Sets sind sehr vorteilhaft bei heterogenen Mehrprozessorumgebungen, da mehrere homogene Prozessoren so wieder einer logischen Einheit zugeteilt werden können. Einzelne Prozessoren aus einem Processor Set werden über den Processor Control Port angesprochen.

Wird Mach auf einem Netzwerk eingesetzt, muß auf jedem Knoten ein eigener Mach-Kernel laufen. Um die auf jedem Knoten vorhandenen Ressourcen für bestimmte Operationen separat manipulieren zu können, gibt es in Mach die abstrakte Bezeichnung **Host**.

Last not least kennt Mach noch **Devices**, also Geräte. Wenn der Kernel initialisiert wird, wird intern eine Liste der verfügbaren Devices angelegt. Über den sog. Device Master Port kann nun ein Task, der Zugriffsrecht auf diesen Port hat, den Kernel anweisen, ein bestimmtes Device zu öffnen, zu benutzen und schließlich auch wieder zu schließen.

3.2 Das Prozeßmodell: Threads und Tasks

Das Prozeßmodell von Mach unterscheidet sich deutlich von dem bisher bekannter Betriebssysteme. In traditionellen Betriebssystemen wird jedes dem Betriebssystem zur Ausführung übergebene Programm als eigenständiger Prozeß angesehen und unterliegt als Ganzes dem Scheduling des Betriebssystemkerns. In Mach dagegen wird ein Prozeß in Threads untergliedert und diesen Threads wird dann vom Betriebssystem die Rechenzeit zugewiesen. Programme, die in herkömmlicher

Manier geschrieben sind, werden diesen Vorteil nicht nutzen können. Sie werden als eine Task mit nur einem Thread dargestellt. Anwendungen, deren Aktivitäten jedoch von vorn herein auf diese Möglichkeit hin ausgerichtet werden, können nun wirklich parallel ausgeführt werden - sofern eine entsprechende Hardware zugrunde liegt. Ein-Prozessor-Rechner müssen parallel ausführbare Aktionen natürlich wieder sequentialisieren.

Threads sind die kleinste Ausführungseinheit, die Mach kennt. Jeder Thread ist genau einer Task zugeordnet, die dem Thread Ressourcen in Form von Speicher und einem Port Name Space zur Verfügung stellt (Thread heißt wörtlich Faden; anschaulich wird dies in Abb. 3.1).

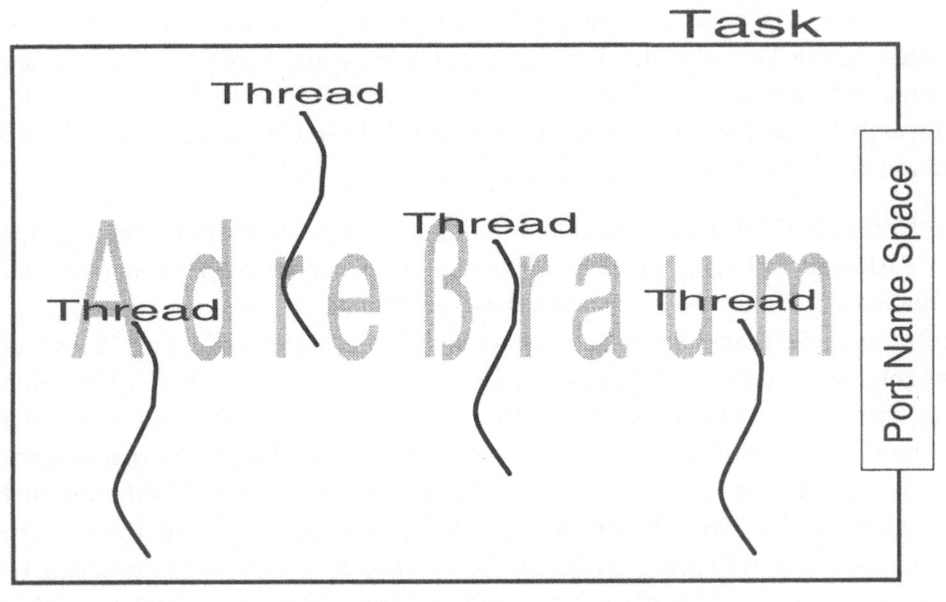

Abb. 3.1 Tasks und Threads

Neue Threads werden von bereits existierenden Threads erzeugt. Terminiert werden Threads, indem sie entweder selbst ihre Arbeit einstellen oder durch Beendigung der Task.

Threads sind in Mach auch die Abstraktionsebene, für die der Betriebssystemkern primär das Scheduling zur Verfügung stellt, d.h. die Anzahl und Priorität der Threads bestimmt die Zuteilung von Rechenzeit und nicht die Anzahl der Tasks. Alle Threads, die sich im Zustand ready to run befinden, konkurrieren bei der Zuteilung von Rechenzeit. Wenn ein Thread dann Rechenzeit erhält, wird er in den Zustand running versetzt, den er so lange behält, bis die Rechenzeit abgelaufen ist oder beispielsweise eine Betriebsmittelanforderung nicht befriedigt werden kann. In letzteren Fall wechselt der Status des Thread nach suspended.

Scheduling gibt es in Mach zudem für Tasks. Da Tasks jedoch keine Aktivitäten haben, konkurrieren diese natürlich auch nicht um Rechenzeit. Scheduling von Tasks läßt einzig eine Aussage darüber zu, ob die Task aktiv ist (genauer: ob mindestens ein Thread in der Task aktiv ist) oder ob sie suspended ist; dann sind automatisch auch alle enthaltenen Threads suspended. Eine Task kann von einem in ihr enthaltenen Thread in den Zustand suspended versetzt werden; ein resume ist nur von einer anderen Task aus möglich.

Im "Normalfall" führt ein Thread Instruktionen aus dem Adreßraum der zugehörigen Tasks aus und manipuliert dadurch seine Registerwerte oder Daten aus dem virtuellen Adreßraum. Will der Thread weitergehende Operationen verwenden, so muß er spezielle Traps verwenden bzw. er muß die Senderechte für Ports haben, die eine entsprechende weitere Funktionalität zur Verfügung stellen (RPC). Über einen Trap gelangt der Thread in den Kernel Mode und benutzt somit elementare Operationen. Die Realisierung des Unix-Kernels läßt eine Task im Kernel Mode zu, die nur verdrängt werden kann, wenn z.B. eine Betriebsmittelanforderung nicht befriedigt werden kann. Mach dagegen hat einen Multithreaded Kernel. Hier können sich mehrere Threads im Kernel Mode befinden, und diese unterliegen dem Scheduling. Da der Kernel sehr elementare Operationen zur Verfügung stellt, müssen insbesondere hier Vorkehrungen für die Vermeidung von Deadlocks getroffen werden (Locking, Monitore).

Der Message Send and Receive Trap ist der wichtigste Trap, denn die gesamte Kommunikation unter Mach wird über Nachrichten abgewickelt (Ausnahme: Shared Memory). Werden vom Thread Dienste eines Ports in Anspruch genommen, so geschieht dies - bis auf die o.a. Ausnahmen - über den Message Trap des Kernels. Soll von einem Thread also eine Nachricht an einen Empfänger außerhalb seiner Task gesendet werden, so muß dafür natürlich zunächst auch das entsprechende Port Right für einen Port des Empfängers vorhanden sein. Ist dies der Fall, so wird die Nachricht in einer vorgegebenen Struktur zusammengestellt und das Auslösen des Message Send and Receive Trap sorgt für die Übermittlung der Daten.

Neben der Ausführung von Programminstruktionen gibt es noch einige wenige spezielle Operationen, die ein Thread selbständig aktivieren kann und die auch nur ihn selbst betreffen. Zunächst kann ein Thread seine weitere Ausführung selbst unterbrechen und sich somit erneut dem Scheduling des Kernels unterordnen. Nützlich ist das etwa, wenn die weitere Abarbeitung des Threads erst zu einem späteren Zeitpunkt fortgesetzt werden kann, da derzeit die entsprechenden Daten noch nicht vorliegen, auf die der Thread wartet. Des weiteren kann ein Thread seine Scheduling-Priorität beeinflussen; erhöhen kann er sie jedoch nur bis zu einem bei seiner Initiierung vorgegebenen Maximalwert.

Das Exception Handling für Threads wird über sog. Exception Ports abgewickelt. Sobald für einen Thread im System Mode eine Exception vorliegt, sendet dieser Thread an seinen eigenen Exception Port eine Nachricht, die den Grund der Exception enthält. Eine erfolgreiche Rückantwort läßt den Thread im System Mode fortfahren; dazu muß natürlich zuvor der Grund für die Exception beseitigt worden sein, indem beispielsweise der Status des Threads verändert wird. Erfolgt keine Rückantwort, so wendet sich der Thread an den Exception Port der entsprechenden Tasks. Erneut gilt: gibt es eine erfolgreiche Antwort auf die gemeldete Exception, so kann der Thread weiter ausgeführt werden; andernfalls wird seine weitere Abarbeitung beendet.

Tasks stellen, wie bereits angesprochen, die Umgebung von Threads dar, innerhalb derer virtueller Speicher und ein Port Name Space zur Verfügung gestellt werden.

Tasks werden durch einen entsprechenden Aufruf einer bereits existierenden Task erzeugt. Die neu erzeugte Task kann dabei von der erzeugenden Task Inhalte von

Speicherbereichen sowie Teile oder den gesamten Port Name Space erben. Beendet werden Tasks, indem sie selbst die Arbeit einstellen und sich durch einen entsprechenden Aufruf an den Kernel terminieren.

Alles in allem ist das Prozeßmodel mit Tasks und Threads feiner granuliert als das herkömmliche Prozeßmodel, wie es beispielsweise Unix benutzt. Das bisherige Modell könnte man in Mach dadurch erreichen, indem man jede Task nur mit einem Thread versieht. Vorteile von Tasks und Threads ergeben sich hingegen deutlich unter dem Aspekt des gemeinsamen Datenzugriffs verschiedener Threads bei der parallelen Programmierung.

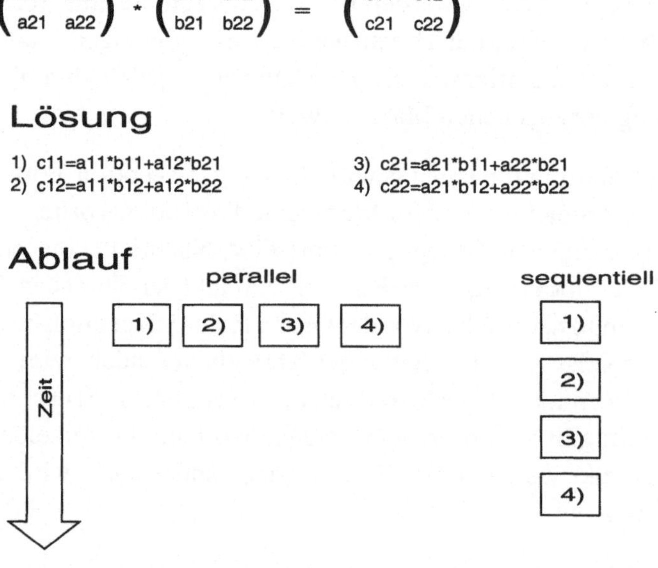

Abb. 3.2 Beispiel Matrixberechnung

So kann etwa die Multiplikation von größeren Matrizen stark parallelisiert werden. Die Komponenten der Ergebnismatrix ergeben sich nämlich als Multiplikation der entsprechenden Spalten und Zeilen der Ausgangsmatrix sowie anschließende Addition der Teilergebnisse und jede Komponente kann somit unabhängig von jeder anderen und daher parallel berechnet werden. Auf einer Einprozessoranlage wirkt sich diese Möglichkeit natürlich nicht beschleunigend aus, da alle parallel durchführbaren Aktionen hier wieder sequentialisiert werden müssen. Auf einer Mehrprozessoranlage dagegen sind die Vorteile offensichtlich. Alle neueren Betriebssysteme wie OS/2 oder MS-Windows NT verwenden übrigens dieses Modell für Prozesse.

3.3 Das Kommunikationsmodell: Ports und Messages

Wie zuvor im Prozeßmodell, so unterscheidet sich auch das Kommunikationsmodell von Mach von bisherigen Ansätzen. Mach ist ein streng nachrichtenorientiertes System. Alle RPCs erfolgen mittels Nachrichten, sei es der Aufruf eines Serverdienstes oder die Nutzung einer Kernel-Funktion.

Basis für die Kommunikation über Messages ist das Client/Server Modell. Den Kunden - in diesem Fall den aufrufenden Prozessen - stehen die Dienste gegenüber, also hier die aufgerufenen Funktionen. Elemente dieses Mechanismus sind Ports und Messages. Diese werden im folgenden ebenso beschrieben wie deren Zusammenspiel.

Ports sind Kommunikationspunkte in Mach. Sie sind ausschließlich unidirektional woraus sich ergibt, daß für eine zweiseitige Kommunikation von Threads oder Tasks auch zwei *Ports* benötigt werden.

Jeder Port hat genau einen Empfänger, jedoch können mehrere Sender vorhanden sein (s. Port Rights). Bis auf die Ports des Kernels kann dabei das Empfangsrecht auf einem Port auch zwischen verschiedenen Tasks über Nachrichten weitergegeben werden.

Einen nicht zu unterschätzenden Vorteil der nachrichtenorientierten Kommunikation stellt die Tatsache dar, daß es in verteilten Systemen über die Ports sehr einfach ist, einen für die Applikation transparenten globalen Namensraum zu implementieren. Der NetMsgServer (s. Kapitel 4) ist der entsprechende Dienst von Mach. Auch verteilte, heterogene Umgebungen können implementiert werden, wenn eine einheitliche Darstellung der Daten gewählt wird (z.B. mittels XDR, eXternal Data Representation [Hall90]).

Jedem Port ist elementar eine **Message Queue** zugeordnet, die die Nachrichten in der Reihenfolge ihres Eingangs aufnimmt und der entsprechenden Task zuleitet. Message Queues können vom entsprechenden Empfangsberechtigten des Ports in ihrer Länge bestimmt werden. Nachrichten, die nach Auslastung der Kapazität eintreffen, können darauf warten, in die Warteschlange aufgenommen zu werden.

Des weiteren führt jeder Port einen Zähler mit, der die Anzahl der auf den jeweiligen Port vergebenen Senderechte (Send Rights) ausweist.

Es gibt zwei Arten, wie Ports angelegt werden können. Zum einen werden bei der Generierung einer neuen Task gewisse Ports gleich mit erzeugt. Dies sind beispielsweise der Task Port oder der Task Exception Port. Zum anderen können Ports auch explizit erzeugt werden durch Anforderung eines neuen Ports über den Port Name Space. Zerstört werden Ports dadurch, daß es kein Empfangsrecht mehr für diesen Port gibt.

Messages sind die Nachrichten unter Mach. Messages sind unter Mach typisiert, d.h. sie können - außer einem festen Nachrichtenkopf (Header) - alle Mach bekannten Typen enthalten sowie darauf basierende Typen. So können z.B. die noch zu besprechenden Port Rights (diese sind natürlich bereits seitens des Betriebssystems definiert) ebenso versandt werden, wie selbstdefinierte Datentypen oder ganze Speicherbereiche. Im Unterschied zu Unix, wo Nachrichten untypisierte Byteströme sind, enthalten Nachrichten unter Mach somit eine Semantik. Über Nachrichten an sich selbst können beispielsweise Zustände zwischengespeichert werden (in der Message Queue), oder es können Systemdienste damit aufgerufen werden.

RPC (Remote Procedure Call) ist mit den bisher vorgestellten Elementen und Mechanismen unter Mach nicht möglich, denn RPC basiert auf der Übergabe von Parametern und nicht auf dem Austausch von Nachrichten. Da RPC aber eine elementare Vorgehensweise in der Programmierung ist, wird dieser wie folgt

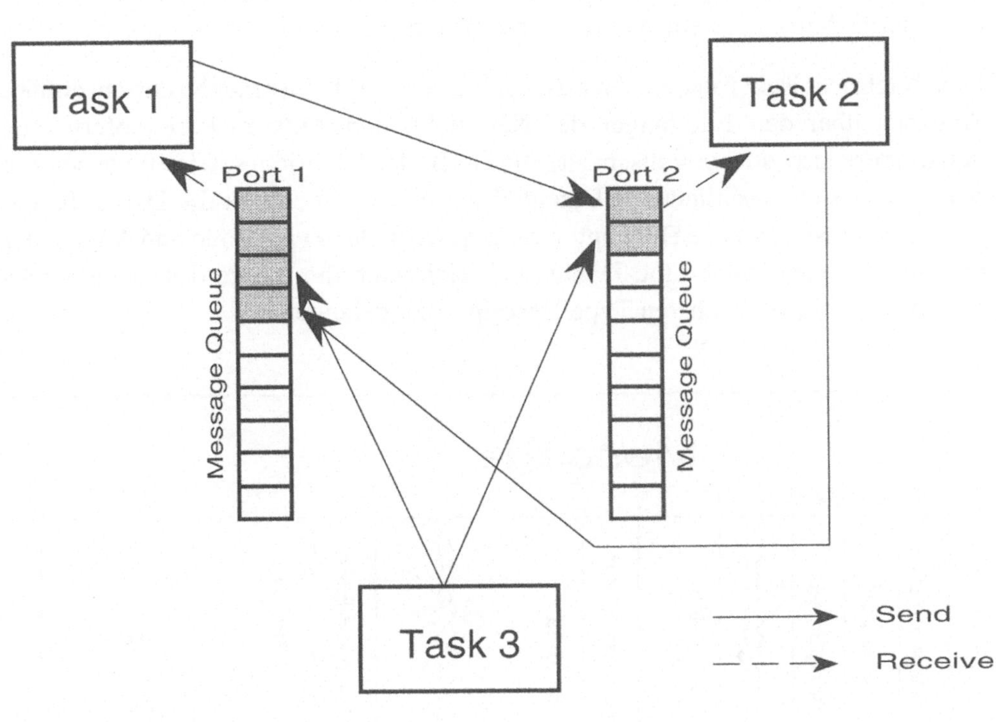

Abb. 3.3 Send und Receive auf Ports

realisiert. Der MIG (Mach Interface Generator, s. Kapitel 5) generiert aufgrund einer RPC-Beschreibungsdatei sog. Stubs (Stummel). Ein Stub wird dabei in die aufrufende Seite eingefügt, ein zweiter - das Gegenstück dazu - in die aufgerufene Seite. Wird nun ein RPC vollzogen, so werden die Übergabeparameter der Aufruferseite von dem entsprechenden Stub entgegengenommen, in eine Nachricht "verpackt" und an die aufgerufene Seite gesandt. Der dortige Stub nimmt die Nachricht entgegen, "packt sie aus" und gibt die Parameter an die aufgerufene Routine weiter. Mit Ergebniswerten wird in gleicher Manier verfahren. Der Stub der aufgerufenen Seite "verpackt" diese wieder in eine Nachricht und sendet sie zurück an den Aufrufer. Dort wird die Nachricht ausgepackt und die enthaltenen Parameter der Applikation übergeben. Die gesamte Vorgehensweise ist absolut transparent für den Programmierer und die Anwendung. Durch die Stubs erscheint der externe Aufruf wie ein "echter" Unterprogrammaufruf.

Eine Nachricht ist in folgender Weise strukturiert: der Kopf einer Nachricht enthält Angaben über den Empfänger der Nachricht, den Antwort-Port (sofern eine Antwort erwartet oder erwünscht ist), die Größe der Nachricht sowie einige weitere Werte. Der sich anschließende Datenteil der Nachricht enthält die Daten. Jedem Datum ist dabei ein Type Descriptor vorangestellt, der Typ, Größe und Anzahl der jeweiligen Daten beschreibt. Daraus läßt sich auch die Länge des Datenblocks errechnen, um zum nächsten Type Descriptor zu gelangen.

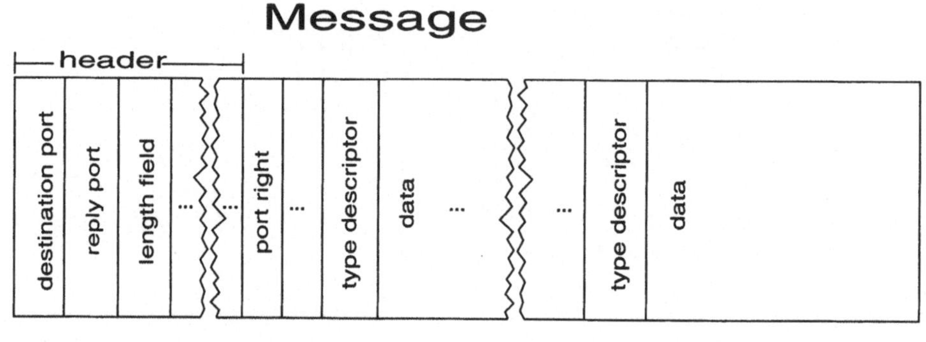

Abb. 3.4 Aufbau von Nachrichten

Damit auch große Objekte effizient übertragen werden können, bedient sich Mach der sog. Copy-on-Write Strategie. Kurz gesagt bedeutet dies, daß - solange kein schreibender Zugriff auf den Speicher geschieht - der Empfänger das VM-Objekt aus dem Adreßraum des Senders sieht. Für große Speicherbereiche, von denen der Empfänger nur Teile benötigt, wird lediglich ein Zeiger versandt (out-of-line data). Der Empfänger kann dann mit diesem Zeiger die betreffenden Bereiche des virtuellen Speicherbereiches des Absenders in seinem eigenen Adreßraum referenzieren. Wird im Type Descriptor das sog. Deallocate Flag gesetzt, so werden die übertragenen Datenbereiche nach Eintreffen der Nachricht in der Message

Queue des Empfängers beim Absender aus der Menge der zugreifbaren Seiten gelöscht. Daten können so also sehr einfach zwischen Tasks migrieren.

Port Rights sind die Rechte von Tasks oder Threads, Ports zu handhaben. Es gibt dabei drei Arten von Rechten: das Receive Right, das Send Right und das send-once Right. Für jeden Port kann es nur ein Receive Right, aber mehrere Send Rights geben. Das send-once Right stellt eine Besonderheit dar, denn es erlaubt dem Besitzer das genau einmalige Senden an den betreffenden Port, bevor es sich selbst zerstört. Da die Rechte dem Schutz des Kernels unterliegen, können diese von den Tasks oder Threads nicht manipuliert werden.

Rights sind also unveränderliche Eigenschaften, die über Vererbung bei der Erzeugung neuer Task weitergegeben werden können, bei der Errichtung eines neuen Ports automatisch zugeordnet werden (das Receive Right) oder vom Empfangsberechtigten extra angefordert werden können und dann über Nachrichten verschickt werden. Eigentümer von Send Rights können diese ebenfalls verschicken, allerdings verlieren sie dadurch ihr eigenes Send Right. Vom Kernel wird überdies eine Statistik über alle existierenden Rechte auf allen Ports geführt. So kann z.B. ein Empfangsberechtigter auf einem Port diesen verwerfen, wenn er weiß, daß dazu kein Sender mehr existiert.

Jeder Task ist ein Port Name Space fest zugeordnet. Der Port Name Space kann also nicht explizit angelegt oder verworfen werden, er ist integraler Bestandteil der Task. Der Port Name Space enthält alle Rechte an Ports, über die die Task derzeit verfügt. Die Einträge im Port Name Space sind jedoch nicht die Adressen der Ports, sondern die Rechte an diesen, denn als Besonderheit werden die Ports in Mach über ihre Rechte angesprochen. Mögliche Einträge im Port Name Space für einen Port können sein:

- PORT_NULL — keine Rechte für diesen Port;
- PORT_DEAD — es gab ein Recht für diesen Port; dieser Port existiert aber nicht mehr;
- ein Port Right — eines der o.a. Rechte an einem Port;
- ein Port Set Name — ein spezielles Receive Recht (s.u.).

Für jeden Port existiert dabei höchstens ein Eintrag; sofern z.B. Send und Receive Right für einen Port vorliegen, verschmelzen diese Rechte zu einem einzelnen mit entsprechender Kennung.

Port Sets sind eine Besonderheit in dem bisher vorgestellten Modell von Ports und Messages. Sie ermöglichen es, daß eine Task eine Menge von Ports mit einem Receive Right handhabt. Übt die Task das Recht aus, so erhält sie eine Nachricht von irgendeinem der in dem Port Set enthaltenen Ports. Der Kernel wählt dabei - ohne Berücksichtigung von Prioritäten - einen Port aus, der der Task dann eine Nachricht aus seiner Nachrichtenwarteschlange zukommen läßt.

Port Sets können von Tasks angelegt und auch wieder verworfen werden. Die Verwaltung der in einem Port Set enthaltenen Ports ist dynamisch, d.h. einem Port Set können stets neue Ports hinzugefügt werden oder existierende können entfernt werden.

Die Übermittlung einer Nachricht unter Mach geht nun wie folgt vonstatten. Zunächst muß vom Sender das Send Right an einem Port vorliegen. Daraufhin kann die Nachricht abgeschickt werden. Sofern das Eintreffen der Nachricht beim Empfänger der Nachricht nicht von Interesse für den Sender ist, kann dieser nun wie gewohnt fortfahren. Handelt es sich aber um sensible Daten, kann der Nachricht ein sog. Notification Request mitgegeben werden. Dieser erzwingt, daß eine Bestätigungsmeldung an den Absender übermittelt wird, sobald die Nachricht in die Message Queue des Empfänger-Ports aufgenommen wird (die Datenintegrität der Message Queues wird vom Kernel garantiert). Die Bestätigungsmeldung ist dann besonders sinnvoll, wenn in der in der Nachricht für Daten das Deallocate Flag gesetzt wurde und die Daten somit nach Erhalt der Bestätigungsmeldung deallokiert werden könnten.

Ein Beispiel soll den Sachverhalt verdeutlichen: ein File-Server ist für die Verwaltung einer Datei im Rahmen einer Applikation zuständig. Die Inanspruchnahme von Diensten des Servers durch die Task kann über IPC (Interprocess Communication) erfolgen. Abzuspeichernde Daten werden dazu von der Applikation einfach in eine Nachricht "verpackt" und zum File-Server gesandt. Bei diesem Vorgang ist es natürlich von besonderem Interesse, die Integrität der Daten zu gewährleisten. Dazu wird vom Absender das Notifikation Request Flag gesetzt und die Task kann die Arbeit fortsetzen, sobald die Rückmeldung eingetroffen ist. Die Rückmeldung ergeht, sobald die Nachricht in die Warteschlange des Empfängerports des File-Servers eingereiht wurde.

Nachrichtenübermittlungen können jedoch auch fehlschlagen. Gründe hierfür können z.B. sein: das Überschreiten des Zeitlimits für den Empfang der Nachricht oder der Port ist nicht mehr vorhanden. In diesem Fall wird die Nachricht an den Absender zurückgeschickt, um evtl. in der Nachricht enthaltene Port Rights nicht verfallen zu lassen. Sofern Daten in der Nachricht enthalten waren, kann es allerdings zu Konsistenzproblemen bezüglich des aktuellen und des ehemals versandten Inhalts des Speichers kommen. Denn in der Annahme, daß die Nachricht auch korrekt empfangen wird, kann der Thread ja inzwischen weitergearbeitet haben und bestehende Daten manipuliert haben. Dieses Problem dürfte allerdings keine allzu große praktische Relevanz besitzen, da wichtige Nachrichten mit dem Notifikation Request Flag versandt werden und unwichtige bei fehlgeschlagener Kommunikation auch einfach verworfen werden können.

3.4 Das Speichermodell: virtueller Speicher, Memory Manager und VM-Objekte

Unter der Prämisse ein möglichst portables Betriebssystem zu schaffen, ist die Speicherverwaltung unter Mach zweigeteilt: es gibt einen kleinen hardware-abhängigen und einen großen hardware-unabhängigen Teil. Zum hardware-abhängigen Teil sei an dieser Stelle nur so viel gesagt, daß er die physikalischen Eigenschaften der jeweiligen Zielmaschine auf eine logische Zwischenschicht abbildet, auf der dann wiederum der hardware-unabhängige Teil von Mach aufsetzen kann [Rash87]. Natürlich muß für jede Zielmaschine dieser als Pmap bezeichnete Teil neu geschrieben werden. Die zu implementierenden Operationen sind allerdings nicht sehr mächtig. Sie beschränken sich im wesentlichen auf die Adreßübersetzung, das (De-)Referenzieren von Seiten, das Setzen von Schutzattributen und das Kopieren von Seiten. Im Gegensatz zu herkömmlichem Unix ist deshalb der Portierungsaufwand gering gegenüber der ansonsten erforderlichen Anpassung des gesamten Speichersystems auf die Zielmaschine. In Unix nämlich ist das VM-Management über verschiedene Elemente des Betriebssystemkerns verstreut. Teile finden sich im Prozeßmanagement, im Buffersystem des Filehandlings sowie im eigentlichen Memory Management [Bach87].

Die auf der Pmap-Schicht aufsetzende logische Speicherverwaltung soll Thema des folgenden Abschnitts sein. Diese ist für alle Rechner gleich, egal welches Speichermodell der Prozessor zur Verfügung stellt (lineares oder Segmentiertes Speichermodell). Die einzelnen VM-Objekte haben genau genommen zwei Schutzattribute: ein momentan gültiges (Current Protection) und ein maximales (Maximum Protection). Dabei kann das momentane Attribut nicht über das maximale hinauswachsen. Ein Beispiel: angenommen, ein VM-Objekt besitzt als maximales Schutzattribut read/write. Dann kann das momentane Schutzattribut nicht gesetzt sein (none), nur lesen (read only) oder lesen und schreiben (read/write) sein. Hat dagegen ein VM-Objekt als maximales Schutzattribut read only, dann erzeugt der Versuch, das momentane Schutzattribut auf read/write zu setzen, einen Fehler. Dies ist verständlich, denn was nützt es, wenn auf ein VM-Objekt, das ausdrücklich nur zum Lesen zugelassen ist, doch auf einmal schreibend zugegriffen werden kann. Die jeweiligen Schutzattribute werden von der zugrundeliegende Hardware vorgegeben, auf der die Mach-Portierung läuft. Prozessoren wie der Motorola 68030 oder der i386 von Intel unterstützen jedoch die angeführten Schutzattribute.

3.5 Virtuelles Speichermanagement

Wie viele andere Betriebssysteme auch arbeitet Mach mit virtuellem Speicher (s. Kapitel 2). Es kann also von den aktiven Tasks sehr viel mehr Speicher addressiert werden, als tatsächlich physikalisch zur Verfügung steht. Der eigentliche Hauptspeicher des Rechners kann dabei als Cache über dem gesamten virtuellen Speicher der Tasks angesehen werden.

Wie zuvor beschrieben, können Tasks von bereits existierenden Tasks erzeugt werden. Neben der Möglichkeit, die neue Task ohne vorgebenen Speicher zu erzeugen, können ihr bei diesem Vorgang auch Speicherbereiche von der sie erzeugenden Task vererbt werden und zwar entweder als physikalische Kopie oder sogar als gemeinsames Zugriffsrecht auf dann existierendes Shared Memory.

Ist eine Task erzeugt, so kann sie jederzeit zusätzlichen virtuellen Speicher allokieren. Der Zugriff auf den Speicher einer Task erfolgt dann ausschließlich über den zugehörigen Memory Manager; in aller Regel ist dies der Standard Memory Manager des Kernels. Dieser sorgt dafür, daß die für den weiteren Ablauf der Task erforderlichen Seiten stets eingelagert sind. Eine Besonderheit von Mach ist es, daß alle externen Memory Manager im User Mode ablaufen können [Youn89].

Außer dem lesenden und schreibenden Zugriff auf den Speicher sowie der Möglichkeit, Speicher anzufordern und zu verwerfen, stehen der Task noch weitere Operationen für den Speicher zur Verfügung: Sie kann die Schutzattribute für Speicherbereiche festlegen (read, write, execute) und sie kann Speicherbereiche als pageable (also auslagerbar) bzw. als wired down (also nicht auf Sekundärspeicher auslagerbar) kennzeichnen.

Für den Kernel zeigt sich die Struktur des Hauptspeichers als eine Menge von gerade eingelagerten Seiten des Hintergrundspeichers. Der Kernel kann der Effizienz halber Seiten mit gleichen Schutzattributen in Memory Regions zusammenfassen. Dies ist allerdings eine Operation, die der Applikation verborgen bleibt. Ihre Sicht der Dinge ist der virtuelle Speicher als Menge von Seiten, auf die wahlfrei und ohne Einschränkung bzgl. der Verfügbarkeit zugegriffen werden kann. Die physikalische Lokation im tatsächlichen Hauptspeicher ist dafür unerheblich.

Jeder Speicher, den ein Prozeß anfordert, wird in **Virtual Memory Objects** (VM-Objekte) organisiert und jeder Speicherbereich ist dabei eindeutig einem VM-Objekt zugeordnet. Jedem VM-Objekt wird zu seiner Verwaltung ein Memory Manager zugewiesen. Standardmäßig wird neu allokierter Speicher einem vorgegebenen VM-Objekt zugewiesen und dieses wird vom Standard Memory Manager verwaltet. Ein VM-Objekt kann maximal so groß werden, wie die Applikation Datenbereiche anlegen kann. Zudem ist ein VM-Objekt lediglich eine logische Zusammenfassung von Speicherbereichen; die Zugehörigkeit zweier Seiten zu einem VM-Objekt sagt nichts darüber aus, wie die Seiten im virtuellen Adreßraum der Task abgelegt sind, geschweige denn, wo sie wirklich physikalisch stehen.

Eine Task kann neue Speicherbereiche aber auch selbst angelegten VM-Objekten zuordnen. Dies kann sehr hilfreich bei dynamischen Datenstrukturen sein. Eine verkettete Liste oder eine Baumstruktur kann so beispielsweise stets unter einer eindeutigen Zuordnung repräsentiert werden, egal wie groß der Datenbereich ist. Ferner kann jedem VM-Objekt auch ein eigener Memory Manager zugeordnet werden. Neben dem Default Memory Manager kann dies ein beliebiger anderer Memory Manager sein, der zuvor implementiert und in das Betriebssystem eingebunden wurde. Beispielsweise könnte ein spezielle Manager für die Verwaltung von VM-Objekten entworfen werden, die verkettete Listen enthalten. Da auf solche Listen nur über das Weiterverfolgen der Verkettungen zugegriffen werden kann, ist es hier sinnvoll, Prepaging anstelle von Demand Paging zu verwenden. Beim Prepaging wird neben der Seite, die aufgrund der Anforderung durch eine Applikation wirklich eingelagert werden muß, auch die logisch nachfolgende und vorhergehende Seite eingelagert, da die Wahrscheinlichkeit groß ist, daß im folgenden auch die Nachbarseiten referenziert werden. Demand Paging dagegen lagert nur die Seiten ein, die gerade aktuell referenziert werden.

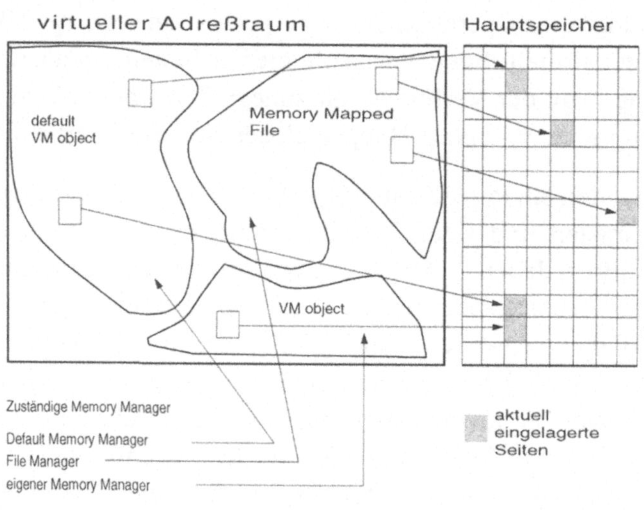

Abb. 3.5 VM-Objekte und Memory Manager

Virtuelles Kopieren (Copy on Write, COW) ist in Mach eine Methode zur Optimierung von Speicherbereichskopien. Sie wird angewendet, wenn entweder bei der Initialisierung einer neuen Task Speicherbereiche der sie erzeugenden Task vererbt werden sollen oder wenn ganze Speicherbereiche in Nachrichten (out-of-line data) übermittelt werden sollen.

Die zugrundeliegende Idee ist, daß normalerweise der größte Teil des zu kopierenden Speichers nur gelesen wird und es deshalb ausreicht, Leseoperationen auf vom Kernel organisiertem und für die Anwendungen eigentlich nicht vorhandenem Shared Memory durchzuführen. Sobald Seiteninhalte verändert werden, werden die betreffenden Seiten dann tatsächlich physikalisch kopiert, was allerdings erfahrungsgemäß relativ selten der Fall ist. Deshalb nennt man dieses Verfahren auch "copy on write". Dieser Mechanismus stammt vom Mach-Vorgänger Accent und hat aufgrund von erheblich besserem Laufzeitverhalten vieler Anwendungen inzwischen auch seinen Weg in kommerzielle Kerne wie Unix System VR4 gefunden.

"Out-of-line Daten" heißt in diesem Fall, daß nur ein Zeiger auf die Daten übertragen wird, anstatt die Daten selbst. Die entsprechenden Seiten werden erst bei der Referenzierung angelegt und vom Sender geholt. Hier bietet sich eine weitere Optimierung des Kopierens dadurch an, daß die betreffenden Seiten in ein Shadow Object kopiert werden, wo sie dann nach Belieben modifiziert werden können. Dieses Shadow Object ist dann nur für die modifizierende Task sichtbar. Nicht modifizierte Seiten werden weiterhin aus dem originalen VM-Objekt referenziert. Beim map-on-reference wird die Seite oder das Objekt sogar erst in die Seitentabelle eingetragen und somit in den Adreßraum eingeblendet, wenn tatsächlich auf das Objekt zugegriffen wird.

Copy on Write beschleunigt also zum einen das logische Kopieren, zum anderen spart es aber auch reellen Speicherplatz ein, da logisch kopierte Seiten, die nicht verändert wurden, nur einmal physisch im Speicher vorhanden sein müssen.

Etwas anders gestaltet sich die Vorgang, wenn die Quelle und das Ziel auf unterschiedlichen Hosts liegen. Auch wenn nur von einer Seite gelesen wird, muß die Seite über das verbindende Netzwerk transportiert werden. In diesen Vorgang ist neben dem "normalen" Memory Manager, der den Page Fault bemerkt, zusätzlich der Network Memory Server (NetMemServer) involviert. Der NetMemServer, der die Verwaltung des hostübergreifenden, netzweiten Speichers übernimmt, wird vom lokalen Memory Manager benachrichtigt, daß ein Page Fault vorliegt. Der ursprüngliche Page Fault wird schließlich befriedigt, indem die Seite über das Netz zum anfordernden Memory Manager übertragen wird. So wird ein verteilter, gemeinsamer Adreßraum (Distributed Shared Memory) geschaffen.

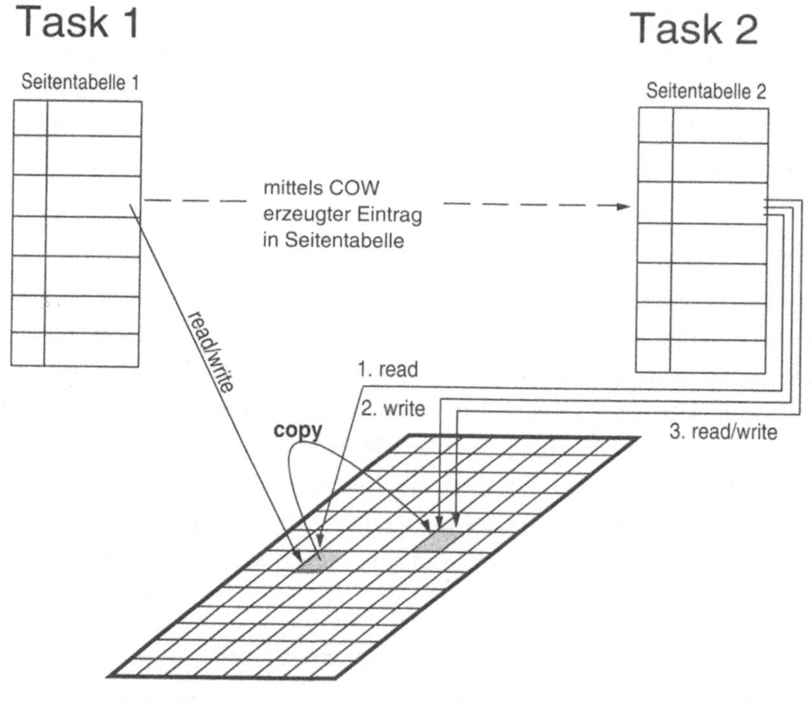

Abb. 3.6 Der Copy on Write Mechanismus

3.6 Verwaltung der physikalischen Ressourcen

Physikalischer **Speicher** wird von Mach über eine jeder Zielmaschine neu anzupassende Pmap-Schicht verwaltet. Der Memory Manager kann nicht direkt auf die Hardware zugreifen. Die Operation, die der Hardware am nächsten kommt, ist die Kennzeichnung von Seiten als pageable bzw. wired down. Ansonsten besteht für alle Elemente von Mach nur die Möglichkeit, virtuellen Speicher anzulegen und zu manipulieren.

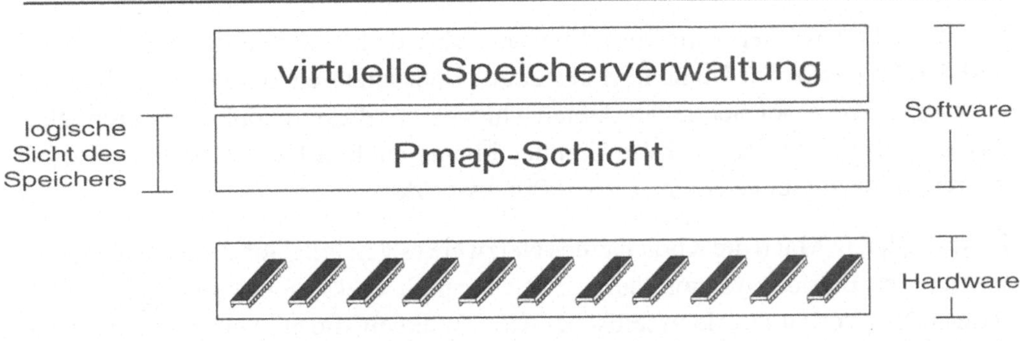

Abb. 3.7 Die Pmap-Schicht

Prozessors, Processor Sets und Hosts: Ein einzelner Prozessor spielt in Mach eigentlich eine eher untergeordnete Rolle. Diese Sicht, die vielleicht zu sehr über die Realität hinausgehen mag, resultiert aus dem Anspruch, mit Mach ein Betriebssystem zu schaffen, das seine wirklichen Vorteile erst auf Multiprozessor-Rechnern oder in verteilten Umgebungen entwickelt. Die zugrundeliegenden Prozessoren und Architekturen dürfen dabei ohne weiteres heterogener Struktur sein.

Prozessoren werden in Mach den schon erwähnten Processor Sets zugeordnet. Processor Sets sind auch diejenigen logischen Einheiten, die den Threads beim Scheduling zugewiesen werden. Besonders vorteilhaft ist dieses Vorgehen deshalb, weil bei Mehrprozessor-Rechnern über die Processor Sets wieder logisch homogene Gruppen geschaffen werden können. Threads können somit einer Gruppe von

Prozessoren zugeordnet werden, die dem Anforderungsprofil der Anwendung entsprechen. Benutzt eine Applikation also häufig Fließkommaoperationen, so können die Threads, die ja die ausführbaren Elemente sind, einem Processor Set zugewiesen werden, der diese Berechnungen mit mathematischen Co-Prozessoren besonders unterstützt.

Wird Mach auf einem Einprozessor-System eingesetzt, so sind die vorstehenden Möglichkeiten natürlich hinfällig. Der einzige Prozessor wird aber trotzdem dem standardmäßigen Processor Set zugeordnet, da für das Scheduling nur Processor Sets zugewiesen werden können.

Processor Sets werden vom Betriebssystem über den Processor Set Control Port und den Processor Set Name Port gesteuert. Über letzteren können auch die dem jeweiligen Processor Set zugeordneten Threads mit diesem kommunizieren. Nur das Betriebssystem selber kann darüber hinaus auch auf einzelne Prozessoren zugreifen; dazu gibt es einen eigenen Processor Port.

Host werden in Mach die Knoten eines Netzwerkes genannt, auf denen eine eigene Instanz des Betriebssystems läuft. Diese Struktur bleibt aber einer "normalen" Anwendung verborgen, denn selbst bei Anwendungen, die mit verteiltem Speicher arbeiten, verdecken die Memory Manager die in diesem Fall zergliederte Struktur des Speichers. Aus historischen Gründen kann sich jedoch eine Task oder ein Thread auch über den host-eigenen Host Name Port an den Host selbst und über diesen auch an andere Processor Set Name Ports und Processor Ports wenden.

Geräte (devices): Wird der Mach-Kernel gestartet, so wird intern eine Tabelle aller verfügbaren Geräte angelegt. Diese sind von den Applikationen über den globalen Device Master Port verfügbar. Ein "open()" auf ein Gerät wird also zunächst an den allgemeinen Geräteport gerichtet, der dann für die anfordernde Anwendung einen eigenen Port generiert, über den das Gerät direkt verfügbar ist. Diese Verbindung gilt so lange, bis sie über ein "close()" beendet wird.

Wie das vorgestellte Prinzip des nachrichtenorientierten Betriebssystems ist natürlich auch diese Art des Zugriffs auf Geräte asynchron.

Teil II

Fortgeschrittene Anwendungen und Schnittstellen

4 Nachrichten-orientierte Interprozeßkommunikation in Mach

Mach stellt neben gemeinsam benutzten Speicher (shared memory) im wesentlichen ein Mittel zur Kommunikation zwischen Tasks zur Verfügung: Verständigung über den Austausch von Nachrichten. Da der Kern selbst eine Task ist, resultiert ein Systemaufruf ebenfalls im Austausch von Botschaften, weswegen man diese Art von Kern auch botschaftenorientiert nennt. Aber auch zwischen Programmen wird dieses Kommunikationsmittel häufig eingesetzt: man denke nur an das Client / Server Modell innerhalb von Netzwerken. Dieses Kapitel beschreibt den Aufbau einer Nachricht sowie die Möglichkeiten, Nachrichten mit anderen Tasks auszutauschen. Dazu wird das Application Program Interface (API) dargestellt, das der Kern für das Senden und Empfangen von Nachrichten zur Verfügung stellt. Ferner werden Systemdienste wie der Environment Server und der Network Message Server[2] behandelt. Den Abschluß des Kapitels bildet ein Beispielprogramm, welches den Gebrauch von Botschaften aus Programmierersicht illustrieren soll. Dieses Kapitel dient als Grundlage für das nächste, in dem der RPC-Generator von Mach vorgestellt wird.

4.1 Aufbau einer Nachricht

In diesem Abschnitt wird der grundsätzliche Aufbau einer Nachricht beschrieben. Nachrichten besitzen in Mach zwei grundlegende Eigenschaften: sie werden zuverlässig zugestellt und sind ordnungserhaltend (das System garantiert für die

---

2 im folgenden in Anlehnung an die Originalterminologie NetMsgServer genannt

Reihenfolge der Zustellung von Nachrichten, in der sie abgesendet wurden). Sie sind wie folgt aufgebaut: ein Nachrichtenkopf fester Größe enthält Verwaltungsinformationen wie Empfängerport, Größe, etc. Diesem Nachrichtenkopf folgen ein oder mehrere typisierte Datenelemente, die den eigentlichen Nachrichteninhalt darstellen.

4.1.1 Aufbau des Nachrichtenkopfes

Im Nachrichtenkopf werden Informationen wie Absender, Empfänger, Nachrichtengröße, etc. angegeben. Abb. 4.1 gibt den Aufbau des Nachrichtenkopfes an. Diese und andere Definitionen sind in der Datei /usr/include/mach/message.h zu finden [OSF].

```
struct msg_header {
    unsigned int msg_unused  : 24,
                 msg_simple  : 8;
    msg_size_t   msg_size;
    int          msg_type;
    port_t       msg_local_port;
    port_t       msg_remote_port;
    int          msg_id;
};
```

Abb. 4.1 Aufbau des Nachrichtenkopfes

Was bedeuten nun die Felder im einzelnen? Im folgenden wird jedes der Felder der Struktur in Abb. 4.1 erläutert, wobei verschiedene Felder verschiedene Bedeutungen haben, je nachdem ob eine Botschaft gesendet oder empfangen wird.

- msg_unused: wie man bereits vermutet, ist dieser Teil des Bitfeldes, den die ersten drei Bytes bilden, unbenutzt und sollte daher auf Null gesetzt werden.

- msg_simple: ein Flag zur Unterscheidung von einfachen und nicht einfachen Nachrichten. Einfache Nachrichten heißt in diesem Zusammenhang: der Datenteil der Botschaft enthält nur in-line-Daten (s.u.) und keine Port Rights. In-line bedeutet, daß die Daten im Anschluß an den Typkopf zu finden, also in der Nachricht enthalten sind. Out-of-line heißt im Gegensatz dazu, daß sich im Datenteil eine virtuelle Adresse befindet, unter der die Daten im Adreßraum des Senders zu finden sind. Die Daten werden dann mittels Copy on Write bei Bedarf kopiert. Steht in diesem Bitfeld ein Wert ungleich 0, so handelt es sich um einfache Nachricht. Andernfalls enthält der Datenteil einen Pointer auf out-of-line-Daten oder ein Port Right.
- msg_size: die Größe der Nachricht (inklusive Datenteil) in Bytes. Bei zu empfangenden Nachrichten muß dieses Feld vor dem Empfang auf die maximal mögliche Größe des Empfangspuffers gesetzt werden; wurde die Nachricht ohne Fehler empfangen, ist in diesem Feld die tatsächliche Größe zu finden[3]. Bei Nachrichten, die gesendet werden sollen, wird die Nachrichtengröße vor dem Senden eingetragen.
- msg_type: gibt den Typ der Nachricht an. Mögliche Typen sind beispielsweise MSG_TYPE_ENCRYPTED für verschlüsselte Übertragung und MSG_TYPE_EMERGENCY für dringende Nachrichten. Da es sich um einzelne Bits handelt, sind die Konstanten für die einzelnen Attribute mittels bool'schem "oder" zu verknüpfen.
- msg_local_port: dieses und das folgende Feld sind vom Typ port_t. port_t kennzeichnet ein Port Right, also ein Send, Receive oder send-once Right. msg_local_port enthält beim Senden einer Nachricht ein Port Right auf einen Reply Port, also einen Port, wo der Empfänger der Nachricht seine Antwortbotschaft hinsenden kann[4]. Wird dagegen eine Nachricht empfangen, enthält dieses Feld ein Receive Port Right, auf dem die Nachricht empfangen wird (also quasi die Empfangsadresse).

---

3 sollte eine Nachricht zu groß für den Empfangspuffer sein, wird dies als Fehler behandelt

4 vorausgesetzt, der Sender hat für seinen Reply Port ein Receive Right

- msg_remote_port: das Gegenstück zu msg_local_port. Hier ist die Adresse des Port vermerkt, wo die Nachricht hingeschickt werden soll. Der Sender muß für diesen Port ein send-once oder Send Right besitzen. Wird nur eine Botschaft empfangen, ist dieses Feld ohne Bedeutung.
- msg_id: dieses Feld wird den Betriebssystemroutinen, die das Senden und Empfangen von Nachrichten erledigen, nicht ausgewertet. Die Bedeutung ist daher anwendungsabhängig. Der Mach Interface Generator (MIG, s. nächstes Kapitel) - um ein Beispiel zu nennen - benutzt dieses Feld zur Auswahl des gewünschten RPCs.

4.1.2 Aufbau des Datenteils

Die Daten, die eine Nachricht in Mach enthält, sind typisiert. Diese Typisierung von zu übertragenden Daten ist eine besondere Eigenschaft von Mach. Im Gegensatz zu herkömmlichen Systemen wie z.B. Unix, wo Nachrichten einen untypisierten Bytestrom darstellen, ist in Mach jedes Datenelement einer Botschaft mit einem Typ versehen. So gibt es Zeichentypen, Ganzahltypen, Feldtypen, etc. Das ist insbesondere in heterogenen Systemen vorteilhaft. Aufgrund des Datentyps kann ein Mach-Kern beim Erhalt einer Botschaft von einem anderen System feststellen, welchen Typ die Daten in der Botschaft repräsentieren. Anhand dieser Information können die Daten dann in die maschineninterne Darstellung des Zielrechners konvertiert werden. Diese Konvertierung ist zwar immer noch notwendig, jedoch ist durch die Typisierung eine Systematik eingeführt worden: jede Applikation muß beim Versenden einer Botschaft den Typ angeben. Anstelle des Bytestromes in einer Nachricht in herkömmlichen Betriebssystemen führt Mach durch die Typisierung zur einer stärkeren Semantik der übertragenen Daten. Ganz klar werden die Vorteile eines solchen Konzeptes am Beispiel von Fließkommazahlen: eine Applikation will eine Matrix übertragen. Die zugehörige Botschaft enthält drei Variablen: die x- und y-Größe der Matrix sowie die Matrix selbst in einer genormten Fließkommadarstellung. Die empfangende Task kann nun die Matrix aufgrund der genormten Darstellung in ihr eigenes Format übertragen und damit weiterrechnen.

Jedes Datenelement hat vor dem eigentlichen Datenbereich der Nachricht einen eigenen Type-Header, der über Größe, Anzahl, Datentyp, etc. des folgenden Datenbereiches Auskunft gibt. Abb. 4.2 zeigt seinen Aufbau [OSF]:

```
struct  msg_type   {
unsigned    int         msg_type_name : 8,
                        msg_type_size  :  8,
                        msg_type_number : 12,
                        msg_type_inline   :  1,
                        msg_type_longform  :  1,
                        msg_type_deallocate   :  1,
                        msg_type_unused : 1;
} ;
```

Abb. 4.2 Aufbau der Typbeschreibung eines Datenelementes

Wie man sieht, handelt es sich um ein vier Byte großes Bitfeld, dessen einzelne Felder folgende Bedeutung haben:

- msg_type_name: hier wird der Datentyp der folgenden Daten angegeben. Eine Übersicht über die wichtigsten Datentypen ist in Tab. 4.3 zu finden.
- msg_type_size: dieses Feld gibt die Größe eines einzelnen Datums in Bits an. Die Größe des Typs MSG_INTEGER_CHAR ist beispielsweise acht Bits.
- msg_type_number: die Anzahl der Elemente im Datenteil wird im Feld msg_type_number angegeben. Die Motivation für dieses Feld ist die Tatsache, daß nicht nur einzelne Daten, sondern auch Felder verschickt werden können. Die Gesamtgröße des der Typbeschreibung zugeordneten Datenfeldes in Bits ergibt sich aus der Formel: msg_type_size * msg_type_number.
- msg_type_inline: dieses Bit gibt an, ob die folgenden Daten in-line oder out-of-line vorliegen, wie bereits oben erläutert. Bei der Angabe

von out-of-line-Daten beziehen sich msg_type_name, msg_type_size und msg_type_number auf die Daten im VM, nicht auf die Adressenangabe in der Nachricht.

- msg_type_longform: eine 1 deutet auf eine lange Nachricht hin. Näheres über das Format dieser langen Botschaften folgt weiter unten.
- msg_type_deallocate: ist dieses Bit gesetzt, wird nach dem Senden der Speicherbereich, auf den die Adresse im Datenteil zeigt, mittels vm_deallocate freigegeben. Typischerweise ist das der Fall, wenn out-of-line-Daten im Adreßraum des Senders dynamisch verwaltet werden und ein Zugriff nach dem Senden nicht mehr nötig ist.
- msg_type_unused: unbenutztes Bit, sollte für die friedliche Koexistenz mit dem Kern (also um mit zukünftigen Mach-Versionen kompatibel zu bleiben) auf 0 gesetzt werden.

MSG_TYPE_UNSTRUCTURED
MSG_TYPE_BIT
MSG_TYPE_BOOLEAN
MSG_TYPE_INTEGER_8
MSG_TYPE_INTEGER_16
MSG_TYPE_INTEGER_32
MSG_TYPE_PORT
MSG_TYPE_CHAR
MSG_TYPE_BYTE
MSG_TYPE_REAL
MSG_TYPE_STRING
MSG_TYPE_STRING_C
MSG_TYPE_POLYMORPHIC

Tab. 4.3 Die wichtigsten IPC-Nachrichtendatentypen

Einige kurze Erläuterungen zu der Tab. 4.3:

- MSG_TYPE_UNSTRUCTURED, MSG_TYPE_BOOLEAN und MSG_TYPE_BIT laufen auf den gleichen Datentyp hinaus: mehr oder weniger unstrukturierte Bitfelder.
- MSG_TYPE_INTEGER_8, MSG_TYPE_INTEGER_16, MSG_TYPE_INTEGER_32 kennzeichnen vorzeichenbehaftetete Ganzzahltypen unterschiedlicher Länge.
- MSG_TYPE_BYTE und MSG_TYPE_CHAR sind acht Bit große Quantitäten.
- MSG_TYPE_PORT stellt ein bestimmtes Port Right dar.
- MSG_TYPE_STRING und MSG_TYPE_STRING_C stellen Zeichenketten dar. MSG_TYPE_STRING_C deutet auf einen mit '\0' terminierten, C-konformen String hin.
- MSG_TYPE_POLYMORPHIC deutet auf eine polymorphe Typdeklaration hin. Im Gegensatz zu den obigen Typen wird die Typinformation dynamisch bestimmt. Mehr über dynamische Typdefinitionen im nächsten Kapitel über bei der Diskussion des Mach Interface Generators.

In obiger Typbeschreibung (Abb. 4.2) taucht ein Bit namens msg_type_longform auf. Ein gesetztes Bit bedeutet hier eine lange Nachricht; die Größenangaben zu den Datenelementen passen nicht in die zugehörigen Felder der Typbeschreibung. In der erweiterten Form ist die obige Typbeschreibung in die folgende Struktur eingebettet (Abb. 4.4) [OSF]:

```
struct  msg_type_long    {
        struct   msg_type    msg_type_header;
        unsigned  short      msg_type_long_name;
        unsigned  short      msg_type_long_size;
        unsigned  int        msg_type_long_number;
} ;
```

Abb. 4.4 Aufbau der erweiterten Typbeschreibung

msg_type_header bezieht sich auf den in Abb. 4.2 dargestellten Typkopf. Die anderen Felder haben gleiche Bedeutung. In msg_type_long_name ist der Datentyp anzugeben, msg_typ_long_size gibt die Größe eines einzelnen Datums in Bits an; in msg_typ_long_number steht die Anzahl der einzelnen Datenelemente. In der eigentlichen Typbeschreibung msg_type_header werden nur die Felder msg_type_inline, msg_type_longform und msg_type_deallocate benutzt. Alle anderen Felder sollten auf Null gesetzt werden.

Auf die Typbeschreibung folgen in einer Nachricht nun die Daten. Wie das genau gemacht wird, zeigt das Beispielprogramm zu diesem Kapitel im Anhang.

4.2 Programmierschnittstellen für Ports, Nachrichten und Systemdienste

Nach der Vorstellung des Aufbaus einer Mach-Nachricht folgen nun die Beschreibungen der einzelnen APIs, die mit Ports und Nachrichten zu tun haben. Der Schwerpunkt liegt dabei auf der Beschreibung der einzelnen Schnittstellen aus Programmierersicht. Die APIs lassen sich in vier Gruppen unterteilen: Aufrufe zur Portverwaltung, Routinen zum Versenden und Empfangen von Nachrichten, die Schnittstellen zum Environment Manager und zum NetMsg-Server. Im folgenden werden nun die Schnittstellen in dieser Reihenfolge dargestellt.

4.2.1 Routinen zur Portverwaltung

Los geht's mit den Aufrufen zur Portverwaltung. Hierunter fallen Aufrufe zum Anlegen von Ports, Port Sets, Löschen von Ports und Port Sets sowie Umbennen von Ports sowie Statusabfragen, etc. Da diese Schnittstelle umfangreich ist und eine vollständige Darstellung den Rahmen dieses einführenden Kapitels sprengen würde, werden nur die wichtigsten Primitive behandelt. Tab. 4.5 gibt einen Überblick über die im folgenden vorgestellten Primitive [Baro90].

---

port_allocate (*task, port_name*)
port_deallocate (*task, port_name*)

port_rename (*task, old_name, new_name*)
port_type (*task, port_name, port_type*)
port_status (*task, port_name, port_set_name, number_of_msgs, block, owner, receiver*)
port_set_backlog (*task, port_name, number_of_msgs*)
port_set_allocate (*task, port_set_name*)
port_set_deallocate (*task, port_set_name*)
port_set_add (*task, port_set_name, port_name*)
port_set_remove (*task, port_set_name, port_name*)
port_set_status (*task, port_set_name, members, number_of_members*)

Tab. 4.5 Die wichtigsten Routinen zur Portverwaltung

Für Tab. 4.5 und die folgenden Ausführungen gilt (sofern nicht anders angegeben): *task* ist die Task, die das Port Right besitzt oder besitzen wird, *port_name* ist ein einzelner Port[5] und *port_set_name* kennzeichnet ein Port Set. Alle obigen Funktionen sind vom Typ kern_return_t und liefern im Erfolgsfall den Rückgabewert KERN_SUCCESS (diese Konstante findet man neben anderen Mach-spezifischen Definitionen in der Include-Datei /usr/include/mach.h).

Ferner wird im Text auf folgende Konstanten Bezug genommen. PORT_NULL kennzeichnet keinen Port oder die Abwesenheit eines Ports. PORT_DEAD steht für einen aufgelösten Port, der zwar einmal vorhanden war, aber mittlerweile gelöscht wurde. Mach unterscheidet dabei zwischen Empfänger und Eigentümer eines Ports. Höchstens eine Task kann zu einem Zeitpunkt der Empfänger von Botschaften oder der Eigentümer dieses Ports sein. Der Eigentümer des Ports hat folgende Eigenschaft: sollte der Empfänger sein Receive Right aufgeben (z.B. durch Beendigung der Task oder durch port_deallocate), werden diese automatisch an den Eigentümer gesendet. Sollte dagegen der Eigentümer seine Eigentumsrechte an dem Port aufgeben, so wird die Empfängertask automatisch Eigentümer. Dieser Mechanismus wird auch als Backup-Port bezeichnet, da im Falle eines Falles immer noch ein

[5] da ein Port immer auch ein Port Right darstellt, werden im folgenden die beiden Begriffe synonym gebraucht

Ersatzport vorhanden ist, der die Nachricht entgegennehmen kann. Im folgenden eine kurze Beschreibung der einzelnen Routinen:

- port_allocate: mit dieser Routine wird ein einzelner Port angelegt. Die angegebene Task besitzt alle drei Rechte (Send, Receive, und send-once) auf diesen Port. Anfangs ist der Empfänger eines mittels port_allocate angelegten Ports auch sein Eigentümer. port_allocate ist jedoch nicht die einzige Möglichkeit für eine Task, an ein Port Right zu kommen. Es kann ihr z.B. von einer anderen Task mittels einer Botschaft zugesendet werden.
- port_deallocate: gibt einen Port frei. Sollten andere Tasks Nachrichten an diesen Port geschickt haben, so werden sie von dessen Löschung über einen speziellen Port (task_notify_port) davon in Kenntnis gesetzt, sofern sie dieses wünschen.
- port_rename: ein Port wird mit diesem Aufruf umbenannt. *old_name* muß einen gültigen Port spezifizieren, *new_name* kennzeichnet den neuen Portnamen, der nicht schon vergeben sein darf. *old_name* kann sich auch auf ein Port Set beziehen.
- port_type: dieser Aufruf gibt für einen gültigen Port eine Bitmaske im Parameter *port_type* zurück, welche Aufschluß über die Eigenschaften eines Ports geben. Die wichtigsten Eigenschaften sind: Port Rights wie Send, send-once und Receive, ob der Port in Wirklichkeit ein Port Set darstellt und ob es den Port überhaupt noch gibt oder nicht bereits eine andere Task den Port via port_deallocate aufgelöst hat.
- port_status: wie es der Name der Fuktion schon vermuten läßt, wird mittels port_status der Zustand des Ports *port_name* festgestellt. Alle Parameter bis auf *task* und *port_name* sind Zeiger auf Variablen, die nach dem Aufruf mit entsprechenden Werten gefüllt sind. *port_set_name* enthält den Namen des Port Sets, falls der Port zu einem bestimmten Port Set gehört. Anderfalls ist dieser Wert PORT_NULL. *number_of_msgs* gibt die Anzahl der Nachrichten an, die an diesem Port auf Bearbeitung oder Empfang warten, d.h. die Anzahl der Nachrichten, die in der Warteschlange dieses Ports stehen. Der Parameter *block* enthält die Anzahl der Nachrichten, die an diesem

Port auf Empfang warten können, ohne daß der Sender der Botschaft blockiert wird. *block* gibt also die Größe der Warteschlange dieses Ports an. *owner* und *receiver* geben Auskunft darüber, ob *task* die Task ist, der der Port gehört (*owner*) oder ob sie die Task ist, die Botschaften von diesem Port empfängt (bei Port Sets). Beide Parameter müssen Zeiger auf bool'sche Variablen sein.

- port_set_backlog: diese Routine beeinflußt die Größe der Warteschlange an diesem Port. Damit ist die Anzahl der Nachrichten gemeint, die an diesem Port eintreffen können, ohne daß der Sender einer Nachricht blockiert. Da in Mach Nachrichten keine Rendezvous-Eigenschaften besitzen[6], kann nach dem Verschicken einer Nachricht sofort weitergearbeitet werden. *number_of_msg* gibt die Größe der Warteschlange in Nachrichten an. Da jedoch eine Nachricht (theoretisch) sehr groß werden kann[7], ist es unverständlich, warum an dieser Stelle nicht die Größe der Warteschlange in Bytes angegeben wird. Dies ist einer der wenigen nicht orthogonalen Stellen im Interface-Design des Mach-Kerns.
- port_set_allocate: Port Sets werden mit dieser Routine angelegt. *port_set_name* ist ein Zeiger auf eine Variable vom Typ port_set_t.
- port_set_deallocate: das Gegenstück zu port_set_allocate. Analog zu port_deallocate löst port_set_deallocate ein Port Set auf. Sollte das Port Set noch Ports enthalten, werden diese zuerst mittels port_deallocate gelöscht.
- port_set_add: der Port *port_name* wird zum Port Set *port_set_name* hinzugefügt. Die Task *task* muß das Receive Right auf den Port *port_name* besitzen. Ist *port_name* bereits in einem anderen Port Set enthalten, wird er zuerst dort entfernt.
- port_set_remove: diese Routine ist das Gegenstück zu port_set_add. Mittels port_set_remove wird ein Port aus einem Port Set entfernt. Ist der Port nicht im genannten Port Set enthalten, wird ein Fehler angezeigt.

---

6 der Sender einer Nachricht wartet also nicht auf die Empfangsbestätigung des Empfängers

7 die Größe wird nur durch das Feld msg_size im Nachrichtenkopf begrenzt

- port_set_status: analog zu port_status werden hiermit Zustandsinformationen über das angegebe Port Set ermittelt. Die Parameter *members* und *number_of_members* sind Zeiger auf Variablen, die nach dem Aufruf von port_set_status die Port Set Mitglieder sowie die Anzahl von Ports in diesem Port Set enthalten. Dabei wird das Array *members* dynamisch mittels vm_allocate (diese Routine wird im Kapitel über das VM-Management näher erläutert, das Wort läßt aber schon auf die Funktionsweise schließen) angelegt. Daher sollte das Programm diesen Speicherbereich wieder freigeben, wenn er nicht mehr benötigt wird.

4.3 Kommunikation mittels Nachrichten

Nachdem oben die Prozeduren zur Portverwaltung vorgestellt wurden, sollen in diesem Abschnitt die Routinen behandelt werden, mit den Nachrichten versendet und empfangen werden. Tab. 4.6 zeigt die von Mach zur Verfügung gestellten Routinen.

msg_send (*header*, *options*, *timeout*)
msg_receive (*header*, *options*, *timeout*)
msg_rpc (*header*, *options*, *rcv_size*, *send_timeout*, *receive_timeout*)

Tab. 4.6 Routinen zur nachrichtenorientierten Kommunikation

Für die Tabelle und die folgenden Beschreibungen gilt: *header* ist ein Zeiger auf eine Struktur struct msg_header (und damit auf die Nachricht selbst), aus der der Kern alle Angaben über Empfänger, Nachrichtenstruktur, etc. entnehmen kann. Wie sieht nun der Aufruf der Routinen im einzelnen aus?

- msg_send: sorgt für das Versenden einer Nachricht. *options* ist eine Bitmaske, deren einzelne Bits folgende Bedeutung haben[8]: SEND_TIMEOUT besagt, daß der Aufruf nach Ablauf des Timeouts *timeout* terminieren und eine Fehlermeldung zurückliefern soll, wenn die Nachricht nicht fehlerfrei zugestellt werden konnte. *timeout* ist die Angabe des Zeitraums in Millisekunden. SEND_NOTIFY erlaubt das Verschicken von genau einer Nachricht ohne den Sender zu blockieren, sollte die Warteschlange des Empfängerports voll sein. Wird ferner SEND_TIMEOUT angegeben, so wird vorher die vereinbarte Zeit gewartet. Bei dem Setzen von SEND_INTERRUPT wird der Aufruf abgebrochen, sollte der ausführende Thread durch eine Unterbrechung vorübergehend gesperrt sein. MSG_OPTION_NONE ist eine Konstante mit dem Wert 0 (und sollte jedoch immer anstelle von einer expliziten Angabe von 0 verwendet werden).
- msg_receive: dient zum Empfang einer Nachricht. Wie bereits oben angedeutet, muß das Feld msg_size im Nachrichtenkopf die maximale Größe der zu empfangenden Botschaft angeben, nach dem Aufruf ist hier die tatsächliche Größe zu finden. Folgende Bits können unter *option* spezifiziert werden: RCV_TIMEOUT ähnelt dem SEND_TIMEOUT mit dem Unterschied, daß *timeout* nun eine Zeit in Millisekunden angibt, nachdem - sollte bis dahin keine Nachricht empfangen worden sein - die Funktion mit einer Fehlermeldung zurückkehrt. RCV_NO_SENDERS veranlaßt die Rückkehr aus msg_receive, sollte die Task die einzige sein, die überhaupt Port Rights auf diesen Port besitzt. Damit wird einem endlosen Warten vorgebeugt, wenn außer der aufrufenden Task keine anderen Tasks Interesse an dem angegeben Port zeigen. RCV_INTERRUPT und RCV_OPTION_NONE ist analog zu SEND_INTERUPT bzw. SEND_OPTION_NONE.
- msg_rpc: diese Routine stellt ein kombiniertes msg_send und msg_receive dar. *options* stellt die Kombination der Optionen von msg_send und msg_receive dar. Der Parameter rcv_size gibt die Größe des Empfangspuffers an, die Größe der Nachricht, die versendet

[8] die Werte sind - wie alle folgenden - in der Datei <mach/message.h> zu finden

wird, befindet sich dagegen in msg_size im Nachrichtenkopf. Damit ist es möglich, für das Versenden und den Empfang der Nachrichten unterschiedliche Puffergrößen im gleichen Speicherbereich anzugeben. Für die Timeouts *send_timeout* und *receive_timeout* gilt dasselbe. msg_rpc wird typischerweise für Remote Procedure Call (RPC)-Applikationen eingesetzt, wo Prozeduren transparent in einer anderen Task und / oder anderen Rechnern im Netz aufgerufen werden. Für die Generierung dieser RPCs gibt es spezielle Werkzeuge, s. nächstes Kapitel.

4.4 Die Systemdienste NetMsgServer und Environment Manager

Im diesem Abschnitt sollen die beiden Systemdienste NetMsgServer und Environment Manager vorgestellt werden. NetMsgServer ist für das netzweite Versenden von Botschaften zuständig, der Environment Manager verwaltet die Umgebung von Tasks. Als erstes soll der NetMsgServer behandelt werden.

4.4.1 Der NetMsgServer

Der NetMsgServer ist zuständig für die Ausdehnung der bisher besprochenen nachrichtenorientierten IPC auf das Netzwerk, welches verschiedene Mach-Rechner miteinander verbindet. Mit ihm ist es also möglich, Botschaften nicht nur an Tasks lokal - also auf dem gleichen Rechner -, sondern auch netzweit an andere Tasks auf anderen Rechnern zu verschicken. Bevor nun die wesentlichen Teile des APIs des NetMsgServers erläutert werden, noch kurz einige Bemerkungen zur Funktionsweise dieses Servers. Er ist einer der Standard-Server, die Mach zur Verfügung stellt. Bevor ein Port netzweit bekannt ist, muß die zugehörige Task diesen Port beim NetMsgServer einchecken, demzufolge netzweit bekannt machen. Dies geschieht mittels eines ASCII-Strings[9], der allen, die mit dieser Task via IPC Nachrichten austauschen wollen, bekannt sein muß. Der NetMsgServer gibt diesen Port dann netzweit bekannt, die anderen NetMsgServer kreieren daraufhin

[9] quasi dem Portnamen in Klarschrift

mittels port_allocate Platzhalter für diesen neuen Port lokal auf ihrem eigenen System (auch *Aliasports* genannt). So schaffen die einzelnen NetMsgServer netzweit eindeutige Abbildungen von lokalen auf globale, allen Knoten bekannte Ports. Möchte nun eine Task auf einen anderen Rechner an diesen neuen Port eine Nachricht senden, erfragt sie bei ihrem NetMsgServer den Port, an den die Nachricht geschickt werden soll. Der zuständige NetMSgServer liefert daraufhin die Adresse **seines** Aliasports zurück, an den die Task ihre Nachricht schickt. Der lokale NetMsgServer empfängt die Nachricht und sendet sie an den anderen NetMsgServer zur Weiterleitung an die eigentliche Task.

Wird ein globaler Port von der zugehörigen Task aus dem netzweiten Namensraum entfernt, sendet der auf dem Knoten laufenden NetMsgServer ebenfalls via Broadcast die Portauflösung an alle anderen NetMsgServer, die im System aktiv sind. So wird die Konsistenz des Namensraums aufrecht erhalten. Ferner ist der NetMsgServer für die Datenkonvertierung in heterogenen Systemen zuständig [Silb91]. Z.B. haben verschiedene Mikroprozessoren unterschiedliche Darstellungsformen für Integer-Werte: der i386 von Intel legt das niederwertige Byte zuerst ab, der MC68030 von Motorola genau andersherum. Anhand der Typinformation im Datenteil setzt nun der NetMsgServer das Format der Daten in ein netzeinheitliches Datenformat um, welches jeder der im Netz beteiligten NetMsgServer verstehen und in das für "seinen" Prozessor passende Format umwandeln kann.

Für den Programmierer sind wohl die Routinen am interessantesten, mit denen Ports in den globalen Namensraum eingefügt und wieder aus diesem entfernt werden. Da das komplette API des NetMsgServers zu komplex für diese Einführung ist, soll an dieser Stelle nur eine kleine Untermenge vorgestellt werden. Weitergehende Informationen findet man z.B. in [Netw89].

---

netname_checkin (*server_port, port_name, signature, port_id*)
netname_checkout (*server_port, port_name, signature, port_id*)
netname_look_up (*server_port, host_name, port_name, port_id*)

Tab. 4.7 Routinen zur netzweiten Namensverwaltung

In Tab. 4.7 sowie in den folgenden Erläuterungen stellt *server_port* den Standardport des lokalen NetMsgServers dar, *port_name* und *host_name* sind C-Strings mit maximal 80 Zeichen Länge. Für den Fall, daß auf einem Rechner zwei Server gleichzeitig mit dem selben Namen aktiv sind, gibt *signature* eine Unterschrift an, mit der der Port eindeutig indentifiziert werden kann (ein Port Right). Im allgemeinen wird man hier jedoch PORT_NULL kodieren. Wie die Funktionen zur Port-Verwaltung so sind auch die Funktionen zur Namensverwaltung vom Typ kern_return_t. Für die Rückgabewerte gilt daher das oben beschriebene Verhalten.

Dieser Standardport ist jedem Programm "bekannt", das mit der Mach-Standardbibliothek libmach.a gebunden wurde. In dieser Bibliothek, die zu jedem Programm gebunden werden muß, das auch Mach-Routinen benutzt[10], sind alle im weiteren vorgestellten Routinen, Variablen, Strukturen, Port Rights, etc. der unterschiedlichen APIs enthalten. Was bewirken nun die oben vorgestellten Funktionen im einzelnen?

- netname_checkin: macht den Port *port_id* unter dem Namen *port_name* systemweit bekannt. Verlief diese Routine erfolgreich, können von nun an Tasks lokal und auf anderen Rechnern den Port unter dem angegebenen Namen erreichen.
- netname_checkout: löst die Verbindung *port_name* und *port_id* auf. netname_checkout ist somit das Gegenstück zu netname_checkin.
- netname_look_up: versucht, den unter *port_name* angegebenen Port ausfindig zu machen. port_id ist ein Zeiger auf eine Port-Variable. Ist die Suche erfolgreich, so steht in *port_id* nach dem Aufruf der Aliasport, unter dem der Port erreichbar ist. Der Parameter *host_name* wählt einen bestimmten Host aus, auf dem man den Port vermutet, ein Null-String ("") sucht netzweit.

Abb. 4.8 verdeutlicht diesen Zusammenhang. Der Klient (Task 1 auf Knoten 1) möchte dem Server (Task 2 auf Knoten 2) eine Nachricht übersenden. Zuerst ermittelt der Klient mittels netname_look_up den Serverport aus dem netzweiten Namenraum. Der lokale NetMsgServer (NetMsgServer 1) nennt ihm darauf *seinen* Aliasport #76, NetMsgServer 1 weiß jedoch, daß er dem anderen NetMsgServer

[10] Programme, die nur Unix-Funktionalität benutzen, können sich weiterhin auf libc.a beschränken

(NetMsgServer 2) die Nachrichten via Port #4543 übermitteln muß. Alle Nachrichten, die den lokalen NetMsgServer 1 auf der Portadresse #76 erreichen, werden also nach Port #4543 weitergeleitet. Auf der Gegenseite (Knoten 2) nimmt der NetMsgServer, der auf diesem Knoten läuft, die Nachricht auf Port #4543 entgegen und leitet ihn an den lokalen Port #65 - den Port des Servers - weiter. Port #65 wurde dem Server als Aliasport des NetMsgServer 2 beim netname_check_in mitgeteilt. Nachdem der Server die Nachricht bearbeitet hat, schickt er den Reply in umgekehrter Weise an den Klienten auf Knoten 1 zurück. Durchgezogene Pfeile kennzeichnen den tatsächlichen Nachrichtenfluß, gestrichelte Pfeile stellen die Nachrichtenübermittlung aus Sichtweise der beiden Tasks dar.

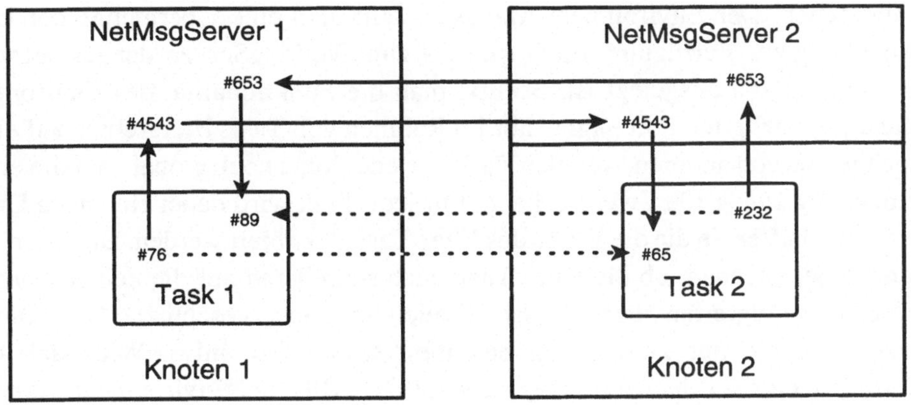

Abb. 4.8 Netzweite transparente Kommunikation durch den NetMsgServer

4.4.2 Environment Manager

Der Environment Manager ist genau wie der NetMsgServer ein Mach-Standardserver, dessen Port Rights jeder Task nach ihrer Kreierung bekannt sind. Dieser Server besitzt zwei Funktionalitäten: zum einen soll er ein Standard-Unix-Environment zur Verfügung stellen, und ferner diese Semantik auf Ports ausdehnen. Im Betriebssystem Unix versteht man unter einer Umgebung (*Environment*) Paare von Zeichenketten, in denen bestimmte Informationen abgelegt sind. So steht beispielsweise der Typ des Terminals, vor dem der Benutzer sitzt, in der Umgebungsvariablen $TERM. Auf diese Variable $TERM greifen dann alle Bildschirm-orientierten Editoren zu, um das Terminal korrekt ansteuern zu können. Diese Umgebung wird beim Anlegen eines Kind-Prozesses an diesen neuen Prozeß vererbt. Mach dehnt diesen Begriff der Umgebung auf Port Rights aus: man hat also nicht nur geordnete Zeichenkettenpaare wie in Unix, sondern kann auch Port Rights an *Child-Tasks*[11] weitergeben. Der Environment Manager stellt also eine Obermenge der Unix-Umgebung zur Verfügung. Im Gegensatz zum NetMsgServer, der für netzweite Kommunikation ausgelegt ist, benutzt man die Funktionalität des Environment Managers bezüglich Port Rights nur im Rahmen von Task-Hierarchien auf einem Rechner, da von anderen, fremden Tasks - weder lokal noch global - auf die eigene Umgebung zugegriffen werden kann. Für jede Task wird dabei eine neue Umgebung geschaffen, in die die Werte des Elter-Tasks[12] kopiert werden. Die Elter-Task kann dabei angeben, ob die Kind-Task auch schreibend auf die neu geschaffene Umgebung zugreifen darf. So ist es auch möglich, geschützte Umgebungen anzulegen, die nur zum Lesen bestimmt sind (read only). Wie auch beim NetMsgServer soll hier nur eine Auswahl des APIs des Environment Managers beschrieben werden, der interessierte Leser findet z.B. in [Thom89] eine vollständige Darstellung. Obwohl nicht unbedingt zum Thema IPC und Ports gehörend, wurden die Funktionen für die zeichenkettenorientierte Verwaltung der Vollständigkeit halber mit in Tab. 4.9 aufgenommen.

---

11 von einem Prozeß erzeugte "Nachfolger"

12 um geschlechtsspezifische Ausdrücke wie etwa Vater-Task zu vermeiden - im anglo-amerikanischen Sprachraum ist von "parent task" die Rede - wird im folgenden Text nur von der Elter-Task die Rede sein

env_set_string (*env_port*, *env_name*, *env_val*)
env_get_string (*env_port*, *env_name*, *env_val*)
env_del_string (*env_port*, *env_name*)
env_list_strings (*env_port*, *env_names*, *number_of_names*, *env_strings*, *number_of_strings*)
env_set_stlist (*env_port*, *env_names*, *number_of_names*, *env_strings*, *number_of_strings*)
env_set_port (*env_port*, *env_name*, *env_port*)
env_get_port (*env_port*, *env_name*, *env_port*)
env_del_port (*env_port*, *env_name*)
env_list_ports (*env_port*, *env_names*, *number_of_names*, *env_ports*, *number_of_ports*)
env_set_ptlist (*env_port*, *env_names*, *number_of_names*, *env_ports*, *number_of_ports*)

Tab. 4.9 Die wichtigsten Routinen des Environment Managers

env_port ist der Defaultport für den Environment Manager, *env_name* ist ein C-String mit maximal 80 Zeichen, *env_port* ist - wie vielleicht schon vermutet - ein Port Right, und *env_val* ist ein C-String, aber diesmal mit 256 Zeichen Länge. Der Parameter env_name ist der Name der Umgebungsvariable, *env_val* im Gegensatz dazu der Wert, den diese Variable hat[13]. Die einzelnen Routinen haben folgende Bedeutung:

- env_set_string: diese Routine setzt die Umgebungsvariable *env_name* auf den Wert *env_val*. Der Aufruf dieser Funkion liefert einen Fehler zurück, wenn die Umgebung schreibgeschützt ist.
- env_get_string: das Gegenstück zu env_set_string. env_get_string holt aufgrund des Variablennamens in *env_name* den Wert der Variable aus der Umgebung. Sollte die Variable *env_name* einen Port repräsentieren oder keine Umgebungsvariable unter diesem Namen vorhanden sein, wird ein Fehler angezeigt.

[13] in Unix unter Verwendung der Shell-Syntax also: *env_name=env_val;* export *$env_name*

- env_delete_string: die in *env_name* angegebene Variable wird aus der Umgebung entfernt. Es wird ein Fehler angezeigt, wenn die Umgebung schreibgeschützt ist oder keine Variable dieses Namens gefunden wurde.
- env_list_strings: gibt eine Liste aller Umgebungsvariablen mit den entsprechenden Inhalten zurück. *env_names* und *env_strings* sind Zeiger auf Arrays vom Typ char[14], die nach dem Aufruf die Namen respektive die Inhalte enthalten. Diese Speicherflächen werden von der Funktion mittels vm_allocate im virtuellen Speicher der Funktion dynamisch angelegt; das Programm sollte sie nach Benutzung wieder mit vm_deallocate freigeben. *number_of_names* und *number_of_string* sind Zeiger auf Variablen vom Typ int, die nach dem Aufruf die Anzahl der Variablen enthalten (wobei beide Variablen den selben Wert enthalten).
- env_set_stlist: das Gegenstück zu env_list_strings. Anstatt eine Liste zurückzuliefern, erwartet diese Routine eine Liste von Namen der zu setzenden Umgebungsvariablen in *env_names* und die Inhalte dieser Variablen in *env_strings*. *number_of_names* und *number_of_strings* geben jeweils die Anzahl der einzelnen Namen und Inhalte an. Diese Funktion dient zum effizienten Setzen von ganzen Variablenlisten, was man sonst umständlich über eine Schleife programmieren müßte, die env_set_string aufruft.

Die Aufrufe für die Verwaltung von Ports in der Umgebung funktionieren analog zu den oben erläuterten. env_get_port liefert jedoch eine Fehlermeldung zurück, wenn es sich bei env_name um eine Variable handelt, die einen String anstelle eines Ports enthält. env_list_ports und env_set_ptlist operieren auf Feldern vom Typ port_t im Gegensatz zu env_list_strings und env_set_stlist.

---

14 in der Form char **env_names*[]

4.5 Anwendungsbeispiel

Zum Abschluß dieses Kapitels soll ein Beispielprogramm den Gebrauch der nachrichtenorientierten IPC in Mach verdeutlichen. Wie bei allen Beispielprogrammen befindet sich das Listing zu diesem Programm im Anhang. Das Programm besteht aus zwei Tasks: eine Task erzeugt eine zufällige Zahlenfolge, verpackt diese in eine Nachricht und sendet diese an eine zweite Task. Diese Task sortiert die erhaltenen Werte und schickt sie wieder an die ursprüngliche Task zurück. Da das Programm selbsterklärend ist, an dieser Stelle nur einige wenige Bemerkungen zum Programmablauf. Nachdem die Elter-Task einen Port kreiert und diesen Port der Umgebung bekannt gemacht hat (mittels env_set_port), führt sie ein fork() zur Erzeugung einer Kind-Task durch. Der fork()-Aufruf beinhaltet das Kopieren der Umgebung, sodaß die Kind-Task in der Lage ist, das Port Right aus der Umgebung zu holen. Die Kind-Task kreiert zunächst einen Reply Port, auf dem sie die sortierte Zahlenfolge empfangen kann und erzeugt dann mittels random eine zufällige Zahlenfolge. Nach dem Setzen der notwendigen Parameter wird die Zahlenfolge an die Elter-Task gesendet, die auf den Empfang einer Nachricht wartet. Die Elter-Task sortiert das empfangene Array und verwendet den Reply Port, um die sortierte Zahlenfolge wieder an die Kind-Task zurückzuschicken.

5 Der Mach Interface Generator (MIG)

Dieses Kapitel soll die Benutzung und Funktionsweise des Mach Interface Generators (im folgenden auch kurz MIG genannt) erläutern. Nach einer kurzen Motivation folgt die Darstellung der Sprachanbindung sowie der Aufbau von Applikationen, die mit dem MIG erstellt werden. Daran schließt sich eine Beschreibung des Formates von MIG-Definitionsdateien an. Am Schluß dieses Kapitels wird die Handhabung dieses Werkzeugs durch ein Beispielprogramm verdeutlicht, welches sowohl die Client- als auch die Server-Seite eines Verschlüsselungs-Servers veranschaulicht.

5.1 MIG - Mach's Stubgenerator

Der Titel dieses Abschnitts deutet es bereits an: MIG ist ein Generator. Wie im vorigen Kapitel dargestellt, können zwei Prozesse miteinander über IPC kommunizieren[15]. Für einfache Nachrichten kann man die Interprozeßkommunikation noch per Hand programmieren, schwierig wird es bei komplexen Anwendungen, wo beispielsweise ein Prozeß Dienste eines anderen benutzen möchte, also eine Client / Server Architektur benötigt wird. Wenn dann noch Sprachtransparenz gewünscht wird - hilft nur noch RPC. Unter einem Remote Procedure Call (RPC) versteht man den Aufruf einer Unterroutine in einem anderen Prozeß als dem, dem der Aufrufende angehört. Der Mach-Kern stellt einen vermeintlichen RPC-Aufruf zur Verfügung: msg_rpc. Im Gegensatz zu der üblichen Definition von RPC, die wesentlich mehr Semantik fordert [Tane88], ist dies jedoch nur die Hintereinanderausführung eines msg_send und eines msg_receive.

---

[15] mit IPC ist in diesem Kapitel immer nachrichtenorientierte Kommunikation gemeint, wie sie im vorigen Kapitel beschrieben wurde

Normalerweise soll jedoch die volle Semantik erhalten bleiben und somit Sprachtransparenz gewährleistet werden: das Programm soll nicht einmal merken, ob eine Prozedur lokal, also in derselben Prozeßumgebung, oder entfernt, d.h. in einem anderen Prozeß und / oder Knoten aufgerufen wird. Genau hier setzt der MIG an.

MIG ist eine Implementierung einer Untermenge von Matchmaker [Jone86], einer Sprache zur Spezifikation von verteilten Objekten. Bei diesem Projekt stand die Sprachunabhängigkeit im Vordergrund, eine multilinguale Anbindung der RPC-Semantik sollte möglich sein. Als Untermenge von Matchmaker realisiert MIG Anbindungen an die Sprachen C und C++[16]. RPC - und damit MIG - ist somit als Abstraktionsebene zur IPC zu sehen, die die Programmierung vereinfachen soll (auch wenn es am Anfang nicht so aussieht!). Die Aufgabe eines Stubgenerators besteht darin, aus einer entsprechenden Spezifikation "Stummel" (*Stubs*) zu erzeugen, die in das jeweilige Programm hineinragen. Diese Stubs verpacken die jeweiligen Funktions- oder Prozedurargumente in IPC-Nachrichten und sorgen für die entsprechende Kommunikation. Die MIG-Definitionsdatei für diese RPCs hat typischerweise die Endung ".defs". Die Kommunikation zweier Prozesse über RPC ist ein in Mach weitverbreiteter Mechanismus; so werden sämtliche Funktionsaufrufe des Kerns intern zuerst in RPCs umgesetzt, die dann dem Kern in Form von Nachrichten geschickt werden.

5.2 Funktionsweise des MIG

Aus einer Definitionsdatei erzeugt MIG drei Quellkodedateien: ein Modul für den Klienten, ein Modul für den Server sowie eine Include-Datei. Diese Abhängigkeit sieht man auch an den Namen der erzeugten Dateien: sie heißen xServer.c, xUser.c und x.h als Include-Datei. x ist dabei der Name des Subsystems, eines Parameters der Definitionsdatei (s.u.). Abb. 5.1 visualisiert den prinzipiellen Zusammenhang noch einmal. Die jeweiligen Module werden dabei seperat kompiliert und dann abschließend zum jeweiligen Programm (Server und Klient) hinzugebunden. Das Modul xUser.c sorgt dafür, daß die Parameter in einen Stub verpackt werden und

[16] auch wenn dies nicht unbedingt multilingual ist

die so entstandene Nachricht mittels IPC an das xServer-Modul gesendet wird. Das xServer-Modul empfängt diese Nachricht, packt die darin enthaltenen Parameter aus und ruft seinerseits die jeweilige Prozedur im Servercode auf. Nach der Rückkehr aus dieser Routine verläuft die beschriebene Kommunikation in die andere Richtung, so daß die Funktionswerte und Variablenparameter wieder zum Aufrufer im Klienten zurückgelangen.

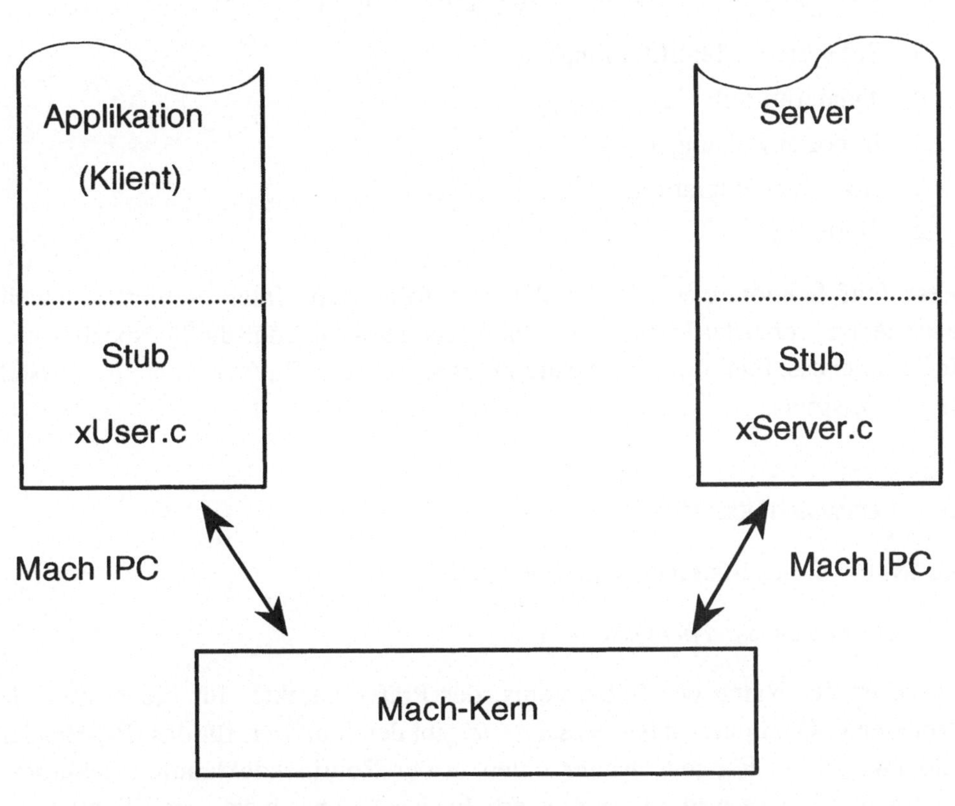

Abb. 5.1 MIG-erzeugte Module im Klienten und Server

Wie sieht nun die Spezifikationsdatei aus? Diese Datei wird wie eine normale Programmdatei auch mit einem ASCII-Editor bearbeitet. Die Syntax von MIG ist dabei ein Gemisch aus Pascal- und C-Syntax: jede Anweisung wird mit einem Semikolon terminiert. Auch die Schlüsselwörter bei der Typspezifikation sind Pascal und C entlehnt. Da ein Verarbeitungsschritt des MIG den Aufruf des C-Präprozessors beinhaltet, können in Definitionsdateien die ganz normalen Präprozessoranweisungen wie #define oder #include auftauchen. Auch Kommentare werden wie gewohnt in C-Manier mit /* */ begrenzt. Die Datei ist aus fünf Sektionen aufgebaut, von denen einige optional sind [Drav89]:

- Subsystem-Identifikation,
- Typdefinition,
- Importanweisungen,
- Routinendeklaration,
- Optionen.

Diese fünf Sektionen werden in den nun folgenden Unterabschnitten jeweils beschrieben, wobei der Tatsache Rechnung getragen wird, daß die Typspezifikation die komplexeste Funktionalität besitzt. Entsprechenden Raum nimmt ihre Darstellung in Anspruch.

5.2.1 Subsystem-Identifikation

Die Syntax dieses Statements hat die Form:

subsystem *system message-id* ;

system ist der Name des Subsystems, der Präfixcharakter für die Namen der erzeugten C-Quelldateien hat. *message-id* gibt den Startwert für das IPC-Header-Feld msg_id an. Für jede weiter unten in der Routinendeklaration deklarierte Routine wird diese msg_id um eins erhöht. Die Nachrichten vom Klienten zum Server erhalten dabei die Nachrichten-Identifikation (msg_id) *message-id* (für die erste Routine) und die Replies, die vom Server zurück zum Klienten gesendet werden, erhalten dann die msg_id *message-id + 1*.

5.2.2 Typdefinition

Diese Sektion erlaubt die Definition von Typen für Parameter in der Operationsbeschreibungssektion. Zur Definition von neuen Typen können drei Arten von Basistypen verwendet werden: einfache Typen, Feldtypen und Zeigertypen. Bei einer Typdefinition muß das Schlüsselwort **type** vor jeder Definition stehen, es leitet also nicht, wie es z.B. in Pascal der Fall ist, einen gesamten Abschnitt ein.

Einfache Typen

Die Syntax dieser einfachen Typdefinition ist:

> **type** *neuer_typ* = *definierter_typ*;

Dabei ist *definierter_typ* ein schon definierter oder ein Typ mit folgendem Aussehen [Drav89]:

> (*ipc_typname*, *größe*, [*deallokation*])

ipc_typname können alle im vorigen Kapitel aufgeführten Nachrichtendatentypen sein. Die Option *größe* gibt die Anzahl der Bits eines Typs an. Der optionale Parameter *deallokation* setzt - falls vorhanden - das dealloc-Bit im Nachrichtenkopf. Er kann entweder “dealloc” oder “notdealloc” sein. Der Deallokationsparameter kann nur im Zusammenhang mit Ports und Zeigern gebraucht werden. Die Defaulteinstellung ist “notdealloc”. Wenn *ipc_typname* ein Standard-IPC-Typ ist, braucht keine Größe angegeben zu werden. Dies gilt nicht für MSG_TYPE_STRING, MSG_TYPE_STRING_C, MSG_TYPE_UNSTRUCTURED und MSG_TYPE_REAL, bei denen die Größe in Bits immer angegeben werden muß. Falls die Angaben *größe* und *deallokation* fehlen, braucht *ipc_typname* nicht geklammert zu werden. Die OSF/1-Distribution enthält in der Datei /usr/include/mach/std_types.defs die Definitionen der wichtigsten C-Standardtypen wie z.B. boolean_t, int, usw. Diese kann man selbst wieder in eine Definitionsdatei einbinden. So erhält man eine Abbildung der wichtigsten C-Standardtypen auf IPC-Nachrichtentypen. Abb. 5.2 zeigt aus dieser Datei einen Auszug [OSF]:

```
type char = MSG_TYPE_CHAR;
type short = MSG_TYPE_INTEGER_16;
type int = MSG_TYPE_INTEGER_32;
type boolean_t = MSG_TYPE_BOOLEAN;
type kern_return_t = int;
type port_name_t = MSG_TYPE_PORT_NAME;
type port_name_array_t = ^array[] of port_name_t;
type port_type_t = int;
type port_type_array_t = ^array[] of port_type_t;
type port_set_name_t = port_name_t;
type port_t = MSG_TYPE_PORT;
type port_all_t = MSG_TYPE_PORT_ALL;
type port_rcv_t = MSG_TYPE_PORT_RECEIVE;
type port_array_t = ^array[] of port_t;
type pointer_t = ^array [] of MSG_TYPE_BYTE;
```

Abb. 5.2 Auszug aus std_types.defs

MSG_TYPE_STRING_C und MSG_TYPE_STRING bezieht sich auf C-konforme Strings, die mit einem '\0'-Zeichen enden. Drei Beispiele für einfache Typen:

```
type very_short = MSG_TYPE_INTEGER_8;
            /* Definiert einen Ganzzahltyp */
type real = (MSG_TYPE_REAL, 80);
            /* Definiert einen zehn Byte großen Fließkommatyp */
type str = (MSG_TYPE_STRING_C, 8 * 80);
            /* 80 Zeichen langer String */
```

Feldtypen

Es gibt drei Arten von Feldtypen in MIG-Definitionsdateien: Felder (Arrays) fester Länge und Felder variabler Länge, bei denen eine Maximalgröße angegeben werden muß. Für das Verständnis des dritten Typs ist ein kleiner Exkurs in die Sprache C nötig. Bei der Parameterübergabe von Feldern an Routinen gibt es zwei Übergabemethoden: "call by value" und "call by reference". In C werden Felder immer mittels "call by reference" übergeben, die aufgerufene Funktion erhält also einen Zeiger auf das Feld. Im Gegensatz dazu können Verbundtypen ("structs" in C) auch via "call by value" übergeben werden, wenn z.B. in der aufgerufenen Funktion auf einer lokalen Kopie des Datums gearbeitet werden soll. Bei der Generation von Stubs gestattet es MIG, auch Felder via "call by value"-Mechanismus zu übergeben. Damit wird verhindert, daß die Daten im Klientenstummel zurück an den Aufrufer gegeben werden, die Daten des Aufrufers werden also durch den "call by value"-Mechanismus nicht modifiziert. In Anlehnung an die Sprache C wird diese Option mit dem Schlüsselwort "struct" eingeleitet. Die unterschiedlichen Arten der Feldtypen haben folgende Syntax:

type *neuer_typ* = array [*größe*] of *definierter_typ*;

type *neuer_typ* = array [* : *max_größe*] of *definierter_typ*;

type *neuer_typ* = struct [*größe*] of *definierter_typ*;

Die erste Form definiert ein Feld fester Größe, die zweite Form ein Feld variabler Größe (gekennzeichnet durch ein *), das jedoch höchstens *max_größe* Elemente haben darf. Bei diesen beiden Formen wird das Feld via "call by reference" übergeben. Die letzte Form definiert ein Feld fester Größe bei der Übergabemethode "call by value". Bei der Definition von Feldern variabler Größe ist darauf zu achten, daß ein benutzerdefinierter Typ als Basistyp verwendet wird. Leider können keine Strukturen, wie sie C kennt, übergeben werden. Alle Elemente eines Feldes müssen den gleichen Typ besitzen. Einige Beispiele zur Illustration:

```
type char_array = array [80] of MSG_TYPE_CHAR;
                /* Eine Zeichenkette mit 80 Zeichen */
type big_block = array [*:1024] of MSG_TYPE_BYTE;
                /* Eine Speicherblock mit maximal 1024 Bytes */
type vector = struct [10] of (MSG_TYPE_REAL, 80);
                /* 10-elementiger Vektor mit 10-Byte großen Gleitkommazahlen,
                call by value */
```

Zeigertypen

Die noch fehlende Typklasse sind die Zeigertypen. Dabei handelt es sich um Zeiger auf Datenstrukturen, die sich im Adreßraum des jeweiligen Prozesses befinden. Syntaktisch haben Zeigertypen folgende Formen:

type *neuer_typ* = ^*definierter_typ*;

Bei dieser Form ist *definierter_typ* ein bereits definierter Typ. Dies kann ein skalarer Typ oder ein Feldtyp sein. Bei Feldtypen sind alle oben beschriebenen Formen möglich. Zu beachten ist, daß bei Typen variabler Länge entweder - wie gewohnt - ein '*' stehen kann, oder daß man die Größenangabe einfach wegläßt. Einige Beispiele für den Gebrauch solcher Zeigertypen:

```
type ptr_word = ^array [1] of MSG_TYPE_INTEGER_32;
            /* Zeiger auf ein Maschinenwort */
type ptr_vector = ^array [100] of (MSG_TYPE_REAL, 80);
            /* Zeiger auf Vektor fester Länge mit 10-Byte */
            /* großen Gleitkommazahlen */
```

Bei der Verwendung von Zeigern werden alle Daten out-of-line übertragen. Beim Aufruf einer RPC-Funktion, die einen Zeiger auf Daten zurückliefert, wird der Typdefinition des Wertes ein entsprechend großes VM-Objekt im Adreßraum der Task allokiert, die die aufgerufene Funktion beinhaltet. Der Benutzer ist für die Freigabe dieses virtuellen Speicher verantwortlich, wenn der Inhalt dieses VM-Objektes nicht mehr benötigt wird. Aufgrund dieses Overheads ist klar, daß Zeigertypen nur bei großen Datenstrukturen oder Daten variabler Länge verwendet werden sollten. Kleine Datenmengen fester Länge überträgt man besser in-line, da die Einbettung in eine IPC-Nachricht wesentlich günstiger ist.

MIG kennt ebenfalls die Definition von polymorphen Typen. Polymorph ist in diesem Zusammenhang jedoch nicht im strengen Sinne des objekt-orientierten Paradigmas zu sehen [Blai91][17], sondern meint vielmehr eine exakte Spezifikation des Typs, die explizit beim Aufruf der Routine angegeben werden muß. Eine polymorphe Typangabe hat folgende Syntax:

type *poly_t* = **polymorphic**;

Beim eigentlichen Aufruf muß dann der genaue Typ angegeben werden. Näheres hierzu bei der Besprechung von Routinendeklarationen.

[17] also im Sinne von Überladen eines Operators oder Funktion

Ferner hat man bei der Typdefinition die Möglichkeit, explizit Routinen für Casting-Operationen, wie sie aus C bekannt sind, anzugeben. Wenn z.B. der Klient ein anderes Gleitkommaformat als der Server benutzt, kann man sowohl vor als nach dem Aufruf der eigentlichen Routine die Daten durch Konvertierungsroutinen entsprechend anpassen. Diese Konvertierungsroutinen müssen jedoch vom Implementor selbst zur Verfügung gestellt werden. Damit wird z.B. eine einheitliche Darstellung von Daten in heterogenen Systemen möglich: man vereinbart ein gemeinsames[18] Format für jeden verwendeten Datentyp, der dann jeweils vor und nach dem Aufruf eines Stubs entsprechend konvertiert werden kann. Da dieses Thema jedoch relativ komplex ist, würde eine genauere Diskussion den Rahmen dieser Einführung sprengen. Der interessierte Leser sei daher auf weiterführende Literatur [Drav89, Loep92] verwiesen.

5.2.3 Importanweisungen

Nach der Besprechung der Typdefinition im vorigen Abschnitt folgen nun die Importanweisungen. Bei den Importanweisungen handelt es sich um Befehle, mit denen Header-Dateien eingebunden werden können. Von der Funktionalität her ist die Importanweisung mit dem #include-Statement des C-Präprozessors zu vergleichen, besitzt aber eine feinere Granularität. Die Importanweisung hat drei Formen:

import dateiname;
simport dateiname;
uimport dateiname;

dateiname ist dabei ein String, der einen gültige Header-Datei kennzeichnet. Wie in C-Programmen auch hat er entweder die Form <dateiname> für das Einbinden aus Standardverzeichnissen wie /usr/include oder "dateiname" für das Einbinden aus dem Verzeichnis, wo sich auch die Definitionsdatei befindet[19]. Was bedeuten nun die unterschiedlichen Formen dieses Statements? Der einfachste Fall (import) entspricht dem #include-Statement des Präprozessors, er bindet die Datei in beiden

[18] z.B. eXternal Data Representation (XDR) [Hall90]

[19] wird sie hier nicht gefunden, so wird in den Standardverzeichnissen gesucht (leider kann man beim Aufruf des MIG nicht weitere Include-Verzeichnisse spezifizieren, wie das beim C-Compiler mittels "-I" geht)

Modulen - dem Servermodul und dem Klientenmodul - ein. simport bindet die Datei nur auf der Serverseite ein, uimport dagegen nur auf der Klientenseite. Wofür kann man diese Funktionalität benutzen? Ein Beispiel sind unterschiedliche Headerdateien für Fließkommaoperationen: wenn der Server andere Fließkommatypen braucht als der Klient, kann man das mit verschiedenen Importdeklarationen elegant ermöglichen.

Während die Typspezifikation eine Abbildung der C-Typen auf das IPC-Nachrichtenformat bzw. die IPC-Nachrichtentypen darstellt, sorgen die Importdeklarationen für eine Anbindung zur Sprachebene nach oben in Richtung Programmsemantik. Das folgende Beispiel soll diesen Sachverhalt verdeutlichen.

```
/*
 *  MIG Definitionsdatei für Stringprozedur
 */
    type char = MSG_TYPE_CHAR;
            /* Definition für Zeichentyp */
    type string80 = array [*:80] of char;
            /* Zeichenkette mit 80 Zeichen Länge  */
    import "string_defs.h"
            /* C-Typ Einbindung */
    routine clear_string(inout str:string80);
```

Die Datei "string_defs.h" enthält die Definition des C-Datentyps:

```
/*
 *  string_defs.h: Defintitionsdatei für
    Stringdatentypen
 */
typedef char string80 [80];
```

Das Schlüsselwort *routine* leitet die Deklaration einer Prozedur ein, die RPC-Semantik besitzt (s. nächsten Abschnitt). Nachdem in der Typspezifikation das

IPC-Nachrichtenformat (quasi für msg_send / msg_receive) definiert wurde, beinhaltet die Datei "string_defs.h" die Definition für den C-Compiler, der schließlich im Klienten einen Aufruf für den Stub, den clear_string im Grunde darstellt, übersetzen muß.

Die C-Äquivalente der wichtigsten Nachrichtentypen, die in /usr/include/mach/std_types.defs zu finden sind, können mittels #include <mach/std_types_defs.h> in ein C-Modul eingebunden werden.

5.2.4 Routinendeklarationen

Im nächsten Abschnitt, der sich an die Import-Deklarationen anschließt, werden die Prozeduren deklariert, um die es eigentlich geht. Die Syntax einer Prozedurdeklaration sieht so aus:

> **routine** *routine_name* (*parameter_attribut parameter_name* : *parameter_typ*
> [, *deallokation*], ...);

routine_name ist der Name der Routine, sowohl im Server als auch im Klienten. *parameter_attribut* gibt den Verwendungszweck des Parameters an. Die wichtigsten Attributarten sind:

- in: Eingabeparameter, die mittels "call by value" übergeben werden (auf die nur lesend zugegriffen wird),
- out: Ausgabeparameter, die typischerweise für Funktionsergebnisse benutzt werden,
- inout: Ein- und Ausgabeparameter, auf die sowohl lesend als auch schreibend in der Routine zugegriffen wird.
- requestport: Adresse des Servers. Die erzeugte Nachricht wird an diesen Port gesendet.
- replyport: Adresse des Klienten, an den eine eventuelle Rückantwort des Servers geschickt wird.

in und inout verlangen die Verwendung von "call by reference" bei der Parameterübergabe. Bei der Verwendung von Feldern variabler Größe muß der eigentlichen Variablen ein Zähler folgen, der die tatsächliche Anzahl von

Feldelementen spezifiziert. Die Verwendung des inout-Attributs bei in-line-Daten variabler Größe ist nicht gestattet. In diesem Fall sollte man auf Zeigertypen ausweichen und explizit die Größe des Feldes als Aufrufparameter übergeben.

Wenn nicht explizit anders angegeben, verweist das *erste* Argument beim Aufruf des Stubs immer auf den Port, an den die Nachricht gesendet wird (also die Server-Adresse). Wird kein explizieter Reply Port angegeben, verwendet MIG einen MIG-intern generierten Reply Port für die Antwort des Servers.

Bei dem Gebrauch von polymorphen Typen muß beim Aufruf der Routine der exakte Typ folgen. Sollte der Typ der Variablen polymorph sein, so folgt der Variablen beim Aufruf der Routine der eigentliche Typ. Ein Beispiel:

```
type poly_t = polymorphic;
...
routine clear_item (out item:poly_t);
```

Im C-Programm wird der Stub dieser Routine dann so aufgerufen:

```
clear_item(item, MSG_TYPE_STRING_C);
```

parameter_name ist der Name der eigentlichen Variablen vom Typ *parameter_typ*, der, wie oben besprochen, bereits definiert sein muß. Das optionale Flag *deallokation* hat die gleiche Bedeutung wie bei der der Deklaration von Typen, jedoch hat die Angabe bei der Parameterdeklaration von RPCs Vorrang über die bei der Typdefinition. Auch hier gilt: der Defaultwert ist "notdealloc", Anwendung findet dieses Flag nur auf Port- und Zeigervariablen.

Neben der Angabe von *routine* als Schlüsselwort bei der Deklaration von Routinen kann ein weiteres verwendet werden: *simpleroutine*. Die Syntax ist die gleiche wie bei *routine*. Der Unterschied zwischen beiden Varianten besteht in der Art der IPC: während ein mit *routine* deklarierter Stub eine Nachricht an den Partnerprozeß schickt und solange wartet, bis sie eine Antwort bekommt, sendet der zugehörige Stub der mittels *simpleroutine* deklarierten Routine nur eine Nachricht zum Partnerprozeß und kehrt dann sofort zum Aufrufer zurück. Diese Art kommt daher bei der asynchronen Kommunikation zum Einsatz.

Eine so vereinbarte Routine gibt den Wert, den msg_send oder msg_receive beim Senden respektive beim Empfang der Nachricht lieferte, zurück. Verlief alles ordnungsgemäß, ist dies KERN_SUCCESS. Diese und andere Fehlerkodes können in [Baro90] nachgeschlagen werden. Soll die Routine selbst Werte zurückliefern, sind diese in Variablen mit den Attributen out oder inout zu übergeben. Die MIG-Dokumentation [Drav89, Loep92] gibt ferner drei weitere Deklarationstypen für Routinen an. Es sind dies:

- *procedure*,
- *simpleprocedure*,
- *function*.

Der Unterschied zwischen einer *procedure* und einer *routine* ist der, daß *procedure* keinen Fehlerkode zurückliefert. Analoges gilt für *simpleprocedure* und *simpleroutine*. *function* erlaubt es dem Aufrufer, ein Funktionsergebnis zurückzuliefern. Die Syntax dieser Deklaration ähnelt der Funktionsdefinition in Pascal:

function *funktionsname* (*parameter_liste*) : *wert_typ*;

5.2.5 Optionen

Jede MIG-Definitionsdatei kann einen oder mehrere Abschnitte beinhalten, die bestimmte Optionen für die nachfolgenden Routinen definieren; die Deklaration dieser Optionen muß also **vor** der Deklaration der Routinen erfolgen, für die sie wirksam sein soll. Jede dieser Optionen besitzt einen Defaultwert. Eine Option gilt solange, bis sie anders definiert wird. Daher können in einer einzigen MIG-Datei auch mehrere Optionsabschnitte enthalten sein. Zu beachten ist, daß die jeweiligen Optionen erst für die *nachfolgenden* Routinendeklarationen wirksam werden. Unter diesen Optionen versteht man z.B., ob die Nachricht verschlüsselt übertragen wird oder ob ein Timeout bei der Kommunikation mit dem Partner beachtet werden soll, etc. Die wichtigsten Optionen sind in Tab. 5.3 wiedergegeben.

waittime *n*;
nowaittime;
msgtype *nachrichten_typ*;
serverprefix *prefix*;
userprefix *prefix*;
error *fehlerbehandlungsroutine*;

Tab. 5.3 Optionen für Routinendeklarationen

Wie üblich wird eine Deklaration mit einem ';' abgeschlossen. Was bedeuten diese Optionen im einzelnen?

- **waittime**: *n* gibt einen Zeitparameter in Millisekunden an, nachdem der Clientstub ein Timeout erzeugen soll, falls die Serverseite nicht geantwortet hat. Dieser Wert wird direkt als Timeout-Wert bei den entsprechenden Routinen eingesetzt (s. voriges Kapitel).
- **nowaittime**: das Gegenteil von waittime. Es wird solange gewartet, bis eine Nachricht empfangen wurde. Dies ist der Defaultwert.
- **msgtype**: mit dieser Option kann den Nachrichtentyp (das zugehörige Feld im Nachrichtenkopf) festlegen. Mögliche Werte sind: MSG_TYPE_ENCRYPTED und MSG_TYPE_RPC. MSG_TYPE_RPC stellt den Defaultwert dar, MSG_TYPE_ENCRYPTED dient zusätzlich einer verschlüsselten Übertragung. Mittels MSG_TYPE_NORMAL kann diese Einstellung zurückgesetzt werden (obwohl hierfür kein logischer Grund besteht).
- **userprefix** und **serverprefix**: mit diesen Optionen kann man den jeweiligen RPC-Stubs die Zeichenkette *prefix* voranstellen. Eigentlich reicht eine Option aus, um verschiedene Namen zu erzeugen; **userprefix** wurde aus Symmetriegründen aufgenommen.
- **error**: wie schon oben erläutert, liefern *procedure*, *simpleprocedure* und *function* keine Fehlerkodes zurück. Damit trotzdem die Möglichkeit zur Reaktion auf Fehlersituationen besteht, kann man mit *fehlerbehandlungsroutine* eine ebensolche definieren, die allerdings

vom Programm zur Verfügung gestellt werden muß. Die Behandlungsroutine hat folgendes Aussehen, error_code gibt den Fehlergrund an:

void fehlerbehandlungsroutine (kern_return_t[20] err_code)

5.3 Der Verschlüsselungs-Server - ein Beispiel für den MIG-Gebrauch

Zum Abschluß dieses Kapitels soll als Beispiel für die Benutzung des MIGs die nötigen Dateien für einen Verschlüsselungs-Server und einen Klienten, der diesen Server aufruft, vorgestellt werden. Das Listing der entsprechenden MIG-Definitionsdatei **crypt.defs** befindet sich, wie die übrigen Beispielprogramme auch, im Anhang. Der Server stellt zwei Routinen zur Verfügung: eine verschlüsselt eine Zeichenkette, die C-Konventionen genügt[21], sowie eine weitere, die zwei Zeichenketten miteinander vergleicht. Wie man aus der Definitionsdatei erkennen kann, wird der bereits vordefinierte Nachrichtentyp MSG_TYPE_STRING_C benutzt. Die Routinen, die Daten ver- und auspacken, sind dahingehend optimiert, daß sie die üblichen Aufrufe des Laufzeitsystems wie strncpy(), etc. benutzen. Da es sich bei zu verschüsselnden Daten meist um vertrauliche Kommunikation handelt, wird als Option MSG_TYPE_ENCRYPTED definiert. Es muß nur noch ein Typ string_ptr definiert werden, damit der C-Compiler weiß, um welchen Datentyp es sich handelt. Dies geschieht in der Datei crypt_defs.h: string_ptr ist ein einfacher Zeiger auf Zeichen. MIG erzeugt aus dieser Definitionsdatei drei Dateien:

- **crypt.h** enthält Funktionsprototypen für die deklarierten Routinen und bindet selbst die Datei crypt_defs.h ein (aufgrund der Importanweisung in crypt.defs).
- **cryptUser.c** enthält die Schnittstelle zum Klienten. Z.B. nimmt eine Funktion encode - also die Klientenseite des RPCs - die Daten entgegen und verpackt diese in ein Nachrichtenpaket.

20 kern_return_t ist der Typ der Rückgabewerte, die der Kern zurückliefert

21 d.h. mit '\0' terminiert ist

- **cryptServer.c** nimmt dann dieses Paket entgegen und packt die darin enthaltenen Daten aus. Nachdem die Daten augepackt wurden, ruft der Server eine Funktion encode auf, die die Daten entsprechend verschlüsselt. Nachdem die Daten verschlüsselt wurden, verpackt die Serverseite diese in ein Paket und sendet sie an das Klientenmodul zurück. Immer noch in der Klientenfunktion encode wird die Zeichenkette ausgepackt und an den Aufrufer zurückgegeben.

Wie sieht nun die Serverseite aus? Nachdem der Server einen Port eingerichtet und systemweit bekanntgemacht hat[22], ruft der Server die Routine mig_server auf. mig_server wurde aus [Walm89a] übernommen und stellt einen rudimentären Empfänger zur Verfügung. Diese Routine nimmt in einer Endlosschleife Nachrichtenpakete entgegen, überprüft den Empfang auf Fehlerfreiheit und ruft dann eine Routine namens crypt_server auf, den Dispatcher (auch hier wirkt wieder der Präfix - der Name des Subsystems - bei der Namensgebung mit). Dieser wird vom MIG generiert und ruft in Abhängigkeit vom erhaltenen Datenpaket entweder encode oder compare auf[23]. Die Serverroutinen müssen durch die Rückgabe des Wertes KERN_SUCCESS (Include-Datei /usr/include/mach.h) Fehlerfreiheit signalisieren. Andere Werte zeigen Fehler an, die dem Klienten mitgeteilt werden. Nachdem das Programm wieder in der Routine mig_server ist, wird hier überpüft, ob überhaupt ein Reply möglich (Angabe des Reply Ports) und erwünscht ist. Trifft beides zu, wird ein Paket zurück zum Klienten geschickt, wo es ausgepackt und die Daten zum Aufrufer zurückgegeben werden können.

Die Klientenseite ist symmetrisch aufgebaut: nachdem der Server-Port ausfindig gemacht wurde[24], werden Strings eingelesen, verschlüsselt und verglichen. Damit die Kommunikationsroutinen in cryptUser.c überhaupt wissen, an wen sie die Nachricht verschicken sollen, ist das erste Argument der jeweiligen Routinen der Server-Port. Im Unterschied zu encode liefert compare ein Ergebnis im Parameter flag zurück, deswegen muß die Adresse einer Variablen vom Typ boolean_t übergeben werden.

---

22 mittels netname_checkin

23 der Klient sendet in der Nachricht ein Flag mit, das die jeweilige Serverroutine auswählt

24 das bedingt natürlich das Vorhandensein des Servers!

Der Server benutzt zum Verschlüsseln eine Standardroutine der Laufzeitbibliothek, Strings werden mittels strcmp() verglichen. Natürlich bräuchte man für diese einfache Verschlüsselung keinen eigenen Server, sondern würde diese Funktionen direkt im Klienten aufrufen. Doch dies soll nur ein Beispiel für den Gebrauch des MIG sein, bei der tatsächlichen Implementierung eines Verschlüsselungs-Servers würde man sicherlich ausgefeiltere Routinen zur Verschlüsselung benutzen. Für ein besseres Verständnis der Funktionsweise des MIG sei empfohlen, sich die erzeugten Module cryptServer.c und cryptUser.c sowie die entsprechenden Header-Dateien genauer anzusehen. Auf einen Auszug aus diesen generierten Dateien wurde aus zwei Gründen verzichtet: zum einen sind sie relativ umfangreich, zum anderen dürften sie nur für Experten der Materie wirklich interessant sein, da zu ihrem Verständnis viel mehr Detailwissen erforderlich ist, als hier dargestellt werden kann.

Leser, die mit Mach 3.0 oder darauf basierenden Versionen arbeiten, können anstatt der mig_server-Routine aus dem Anhang die Funktion mach_msg_server benutzen. Diese Routine hat den Vorteil, daß sie zum einen eine bessere Fehlertolereanz aufweist und somit robuster ist, zum anderen gehört sie zur Mach-Laufzeitumgebung, die in der Standardbibliothek *libmach.a* zu finden ist. mach_msg_server hat folgende Vorteile gegenüber dem Prototyp mig_server im Anhang [Loep92]:

- Schutz vor vollen Reply Ports (des Klienten), die zum Blockieren des Servers führen würden,
- Schutz vor zwar vom Klienten angegebenen, aber nicht mehr vorhandenen Reply Ports,
- Deallokation von Ressourcen wie Port Rights oder VM-Objekten in Antwortnachrichten des Servers (Reply Messages), wenn diese nicht gesendet werden,
- Deallokation von Ressourcen in Aufforderungen des Klienten (Request Messages), wenn diese vom Server nicht verbraucht wurden (beispielsweise Freigabe von VM-Objekten),
- automatisches Senden einer Rückantwort an den Klienten, wenn ein Reply Port angegeben wurde,
- Benutzung von kombinierten Senden und Empfangen (Aufruf von msg_rpc), wenn dies möglich ist.

Zu den abweichenden Aufrufparametern von mach_msg_server sei an dieser Stelle auf die entsprechenden Seiten des Online-Manuals oder anderer Dokumentation verwiesen.

6 Cthreads

Dieses Kapitel beschreibt das Cthreads-Package des Mach-Systems. Als erstes wird die Programmierung mittels Threads an einem Beispiel aus dem Multimedia-Bereich motiviert. Im weiteren Verlauf des Kapitels werden Cthreads und Threads gegenübergestellt. Hiernach wird das API, mit dem Cthreads verwaltet werden, vorgestellt, an die sich eine Übersicht an die verschiedenen Synchronisations-primitive anschließt. Den Schluß des Kapitels bildet die Diskussion eines Beispielprogrammes.

6.1 WarumThreads:ein Beispiel aus dem Multimedia-Bereich

Multimedia ist definitiv das Schlagwort der neunziger Jahre. Alle Welt redet von der Integration von bewegten Bildern und Sprache in herkömmliche Systemen. Diesem Trend will sich dieses Buch natürlich nicht verschließen. Doch abgesehen von den vielen bunten Bildern und den vielfältigen Geräuschen, mit denen uns moderne Multimedia-Applikationen und -Systeme heutzutage erfreuen, stellt sich die Frage: wie wird's gemacht? Präzise ausgedrückt: was sind die Anforderungen, die multimediale Umgebungen an das zugrundeliegende Betriebssystem und an die Werkzeuge, die dieses Betriebssytem bereithält, stellen?

Dieser Abschnitt will bei weitem nicht alle Aspekte dieser Frage beleuchten (ganze Bücher ließen sich über dieses Thema schreiben), sondern nur eine möglichst realitätsnahe Motiviation für die Verwendung von Threads geben. Doch welche Eigenschaften charakterisieren überhaupt multimediale Daten? Es wird im folgenden von bereits durch das Eingabemedium digitalisierten Daten ausgegangen, ebenso muß eine Multimedia-Ausgabeeinheit in der Lage sein, aus einem digitalisierten Datenstrom wieder die analoge Darstellung zu rekonstruieren. Im Gegensatz zu normalen Daten wie Text und Grafiken, bei denen es auf zeitliche Aspekte nicht so sehr ankommt, haben wir es bei Bewegtbildsequenzen und

Toninformationen mit isochronen Daten zu tun, d.h. diese Daten müssen einer konstanten Verarbeitungsrate unterliegen. Ein Beispiel: Benutzern eines herkömmlichen Fenstersystems wie X-Window [Sche86] ist es egal, ob sich ein Fenster 500 Millisekunden früher oder später öffnet; bei Audiodaten, die 500 Millisekunden später als erwartet ausgegeben werden, ist diese Verzögerung schon deutlich hörbar. Ferner müssen multimediale Daten häufig auch in einem engen Zeitraum synchronisiert werden[25]. Man hat also in gewissem Sinne Echtzeitanforderungen. Diese sind jedoch nicht ganz so strikt wie bei herkömmlichen Echtzeitumgebungen: ob ein einzelnes Bild bei einer Bildsequenz verlorengeht, merkt der Betrachter bei 25 Bildern pro Sekunde sowieso nicht. In diesem Zusammenhang spricht man auch von "soft" und "hard" Realtime.

Diesen Anforderungen gegenüber steht normalerweise ein herkömmliches Betriebssystem mit dem normalen Prozeßmodell (ein Thread pro Task - in der Mach-Terminologie ausgedrückt) wie Unix. Auf diesem System läuft nun ein Fenstersystem, das Betriebssystem selbst, verschiedene Applikationen und natürlich der Multimedia-Server, der Multimedia-Hardware wie Mikrofon und Kamera bedient, die an den Rechner angeschlossen sind. Eine Prozeßumschaltung zwischen diesen Programmen kostet Zeit: es müssen Seitentabellen umgeladen werden, verdrängte Seiten oder ganze Prozesse müssen vom Auslagerungsmedium geholt werden, usw. Da der Multimedia-Server ein normaler Prozeß ist, kommt es zu Schwierigkeiten, da Kamera und Mikrofon gleichzeitig ihre digitalisierten Daten liefern und bedient werden wollen. Ein erster Schritt ist nun die Realisierung des Multimedia-Server als multithreaded Task: ein Thread sorgt für die Verarbeitung des Datenstrom der Kamera, ein weiterer kümmert sich um das Mikrofon. Da die Daten von diesen Eingabegeräten kontinuierlich und in festen Raten geliefert werden, kann sich ein Thread, dessen zugeordnete Hardware gerade Daten zur Verarbeitung geliefert hat, nach der Verarbeitung dieser Daten bis zum nächsten Eintreffen selbst suspendieren [Naka91]. Mit der Multithreaded-Realisierung dieses Servers alleine ist es verständlicherweise nicht getan, für ein effizientes Multimedia-System muß ebenfalls der Scheduler geändert werden, um die Echtzeitbedingungen annähernd zu erfüllen [Govi91].

---

[25] man denke hierbei nur an einen Spielfilm: der Ton muß synchron zu den Lippenbewegungen ausgegeben werden

6.2 Cthreads vs. Mach-Threads

Threads sind nebenläufige Abschnitte einer Task. So ist der Mach-Kern selbst eine Task mit mehreren Threads [Loep91]. Voll ausgenutzt werden die Vorzüge der Programmierung mit Threads auf Mehrprozessorsystemen, wo auf jedem Prozessor ein separater Thread zu der Lösung eines bestimmten Teilproblems beiträgt. Gängige Versionen des Mach-Kerns auf Monoprozessorarchitekturen können logischerweise nur einen Thread zu einem bestimmten Zeitpunkt bearbeiten, man spricht in diesem Zusammenhang von quasi-paralleler Bearbeitung. Dabei wird der Prozessor als Betriebsmittel einem Thread nach einer gewissen Zeitdauer entzogen, die Prozessorzeit wird also auf die einzelnen Threads in Form von Zeitscheiben aufgeteilt[26]. Da jedoch auch Multiprozessorarchitekturen nur eine endliche Anzahl von Prozessoren besitzen (die jedoch meist sehr viel kleiner als die Anzahl der zu bearbeitenden Threads ist), wird das Zeitscheibenverfahren auch auf den einzelnen Prozessoren eines Mehrprozessorsystem eingesetzt. Der Schluß, daß ein Monoprozessorsystem ein Spezialfall eines Mehrprozessorsystems mit nur einem Prozessor darstellt, ist hierbei eher von theoretischer Bedeutung.

Unglücklicherweise ist die Funktionalität, die der Kern Anwendungsprogrammen für die Thread-Verwaltung zur Verfügung stellt, sehr beschränkt. Es werden nur Funktionen zur Thread-Erzeugung, zum -Abbruch und zur -Zustandsmanipulation zur Verfügung gestellt. Da die Threads einer Task jedoch auch auf einem gemeinsamen Adreßraum arbeiten, sind Schutzmechanismen für den gleichzeitigen Zugriff auf eine Variable unerläßlich. Diese Synchronisationsmechanismen sucht man in der Kern-Beschreibung [Loep91] vergeblich. Im Rahmen der Mach-Entwicklung erkannte man dieses Problem und entwarf auf den Kern-Primitiven zur Thread-Verwaltung aufbauend eine Cthread-Bibliothek ('C'-thread um die Anbindung zur Sprache C zu verdeutlichen). In dieser Bibliothek, die einfach zu einem Programm dazugebunden wird, findet man dann u.a. Aufrufe zur Synchronisation und gegenseitigem Ausschluß. Abb. 6.1 verdeutlicht das Zusammenspiel der Komponenten am Beispiel einer Thread-Erzeugung. Es wird die Funktion cthread_fork der Cthread-Bibliothek benutzt, um einen Thread zu

[26] diese Darstellung ist stark vereinfacht; Erläuterung von Details der Thread-Verwaltung in Mach wie z.B. priorisierte Threads würden den Rahmen dieser Einführung sprengen

erzeugen. Der Aufruf von cthread_fork benutzt dann elementare Funktionen des Kerns um den Thread zu erzeugen.

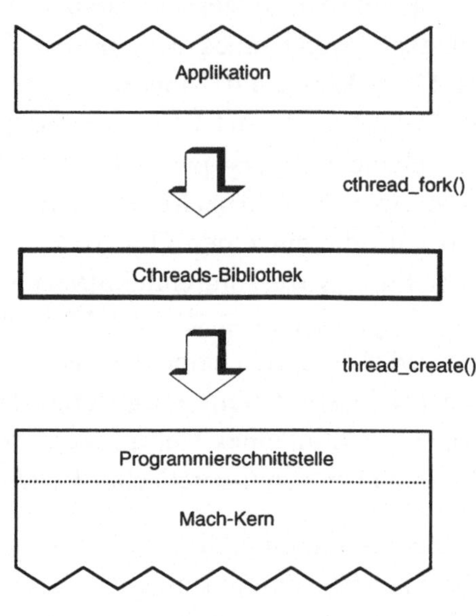

Abb. 6.1 Einbindung der Cthreads

6.3 Die Cthread-Bibliothek

Die Cthread-Bibliothek läßt sich in vier Gruppen unterteilen, es gibt Funktionen zur

- Initialisierung der Bibliothek,
- Verwaltung der einzelnen Threads (Erzeugung, Terminierung, etc.),
- sowie Mechanismen zum gegenseitigen Ausschluß innerhalb von kritischen Abschnitten,
- Aufrufe zur Synchronisation von Threads.

Auf die einzelnen Gruppen soll im folgenden näher eingegangen werden. Da die Cthread-Bibliothek für die Benutzung von C-Programmen ausgelegt ist, wird in den folgenden Ausführungen die Notation dieser Sprache verwendet. Im Idealfall werden die von der Bibliothek zur Verfügung gestellten Cthreads auf Mach-Threads abgebildet. Im folgenden werden die Begriffe Threads und Cthreads daher synonym benutzt.

6.3.1 Initialisierung der Bibliothek

Damit die Routinen der Bibliothek ordnungsgemäß arbeiten können, muß die Bibliothek vor dem ersten Aufruf einer ihrer Funktionen initialisiert werden. Sollte dieser Aufruf fehlen, können die Funktionen, die die Bibliothek bereitstellt, nicht korrekt abgearbeitet werden, da wichtige Datenstrukturen uninitialisiert bleiben.

Die Initialisierung geschieht mit dem Aufruf der Funktion

```
cthread_init()
```

Diese Initialisierungsfunktion benötigt keine weiteren Parameter. Zu beachten ist hierbei, daß am Anfang des Programmtextes die Header-Datei cthreads.h mittels der Präprozessor-Anweisung

```
#include <cthreads.h>
```

eingebunden werden sollte. In ihr sind die nötigen Datenstrukturen definiert; sie enthält ferner die Prototypen der einzelnen Funktionen. Dieses ist wichtig bei der Verwendung ANSI-konformer C-Compiler, wo es unter Umständen beim Aufruf von Funktionen ohne Prototypen eine Compiler-Warnung geben kann.

6.3.2 Verwaltung von Cthreads

Tab. 6.2 gibt die Aufrufe wieder, die die Cthread-Bibliothek zur Verwaltung der Threads zur Verfügung stellt. Da die Rückgabewerte der jeweiligen Routinen verschiedene Typen haben, sind diese einzeln angegeben. Dabei bedeutet *cthread_t* ein Handle[27], das einen einzelnen Thread identifiziert. *any_t* stellt demgegenüber

[27] entsprechend einem Datei-Handle als Result z. B. eines open()-Aufrufes

einen Zeiger auf einen beliebigen Datentyp dar. Die beiden einfachsten Fälle, die man sich vorstellen kann, sind also z.B.:

```
typedef void * any_t;
```
oder
```
typedef char * any_t;
```

---

cthread_t **cthread_fork**(*function*, *argument*)
void **cthread_exit**(*result*)
cthread_t **cthread_self**()
any_t **cthread_join**(*thread*)
void **cthread_detach**(*thread*)
void **cthread_yield**()

Tab. 6.2 Aufrufe zur Thread-Verwaltung

Die einzelnen Aufrufe sollen nun kurz erläutert werden.

- cthread_fork: mit diesem Aufruf wird ein neuer Thread erzeugt. Der Rückgabewert ist das oben besprochene Handle des Threads. *function* ist ein Zeiger auf eine beliebige Funktion, die dann mit der Ausführung des Threads assoziiert wird: der neu erzeugte Thread setzt die Programmabarbeitung bei der angegebenen Funktion fort. Der Parameter *argument* ist dabei für diese Funktion das Funktionsargument. Ein Nachteil ist, daß nur dieser eine Parameter an die Funktion übergeben werden kann, soll die Funktion mehrere Parameter bearbeiten, müssen diese in ein **struct** oder eine **union** übertragen werden, auf die dann ein Zeiger übergeben wird. *function* muß dann als erstes diese Parameter auspacken. Diese Funktionsweise kann zu komplexen und schwierigen Konstrukten führen, die schwer zu durchschauen und wenig elegant (und daher fehleranfällig) sind.
- cthread_exit: dies ist das Gegenstück zu cthread_fork. Wie das **exit** schon nahelegt, wird die Existenz des Threads beendet. Der Parameter *result* ist dabei ein Wert, der beispielsweise von cthread_join ausge-

wertet wird. cthread_exit entspricht einer return-Anweisung in der Funktion, die bei cthread_fork angegeben wurde (Top Level Function), **return** kann daher auch alternativ zu cthread_exit verwendet werden. Der Wert, der in dem return-Statement angegeben wird, entspricht dann dem result-Parameter.

- cthread_self: der Rückgabewert dieser Routine ist das Handle des eigenen Threads, also das des Aufrufers.
- cthread_join: mit dem Aufruf dieser Routine wird auf das Ende des angegebenen Threads *thread* gewartet (der Aufrufer blockiert solange, bis *thread* sein Ende erreicht hat). Der Rückgabewert von cthread_join ist dann der bei cthread_exit besprochene result-Wert. Zu beachten ist, daß cthread_join auf den Aufrufer selbst angewandt - also cthread_join(cthread_self()) - verständlicherweise zu einem Deadlock führt.
- cthread_detach: normalerweise wartet ein Thread nach dem Ende seines Kontrollflusses auf das Ende aller von ihm erzeugten Threads (in gewissem Sinnne also seiner “Kinder”). Wird dieses nicht gewünscht, kann ein Kind-Thread nach der Erzeugung durch cthread_detach von seinem Elternteil lösgelöst werden. Typischerweise wird die Funktion bei Erzeugung eines neuen Threads mittels cthread_fork benutzt: cthread_detach(cthread_fork(function, argument)).
- cthread_yield: diese Funktion ist als Hinweis für den Scheduler anzusehen, daß nun ein günstiger Zeitpunkt für einen Thread-Switch gekommen ist. Primär ist cthread_yield für Implementierungen gedacht, die auf Koroutinen basieren. Aber auch in verdrängenden[28] Systemen, in denen einem Thread jederzeit das Betriebsmittel CPU entzogen werden kann, ist die Verwendung sinnvoll. Wenn ein Thread den Prozessor momentan nicht mehr benötigt, weil er z.B. auf ein externes Ereignis wartet, kann die CPU mit der Bearbeitung eines anderen Threads fortfahren. Damit wird verhindert, daß der ursprüngliche Thread sein Zeitquantum mit aktivem Warten verbringt und somit unnötige Systemlast verursacht.

28 englisch: “preemptive systems”

Obwohl diese Funktionen auf den ersten Blick komplex und schwierig wirken mögen, ist ihre Handhabung doch relativ einfach und "straight forward", wie das Beispielprogramm im Anhang zeigt.

6.3.3 Mechanismen zum gegenseitigen Ausschluß

Alle obigen Funktionen zur Threadverwaltung nutzen nichts, wenn es keine Mechanismen gibt, mit denen der gleichzeitige Zugriff auf einen bestimmten Speicherbereich verhindert werden kann. Da alle Threads einer Task auf gemeinsame gleiche statische und globale Daten zugreifen, also den gleichen Adreßraum der Task benutzen, muß verhindert werden, daß z.B. ein Thread ein Wert liest, auf den ein anderer gerade schreibend zugreift. Eine Ausnahme bilden lokale Variablen einer Routine, die meist vom Compiler auf dem Stack angelegt werden. Da jeder Thread einen eigenen Stack besitzt, kann es hierbei zu keiner Kollision kommen. Um den **gleichzeitigen** Zugriff auf eine globale Variable - also eine Variable, auf die jeder beteiligte Thread Zugriff hat - zu verhindern, kennt das Cthread-Package sog. mutex-Variablen. mutex kommt von "Mutual Exclusion"[29], das heißt "belegt" ein Thread eine bestimmte mutex-Variable und will ein zweiter diese ebenfalls belegen, so wird solange blockiert, bis der erste Thread diese mutex-Variable wieder freigibt. Ein kritischer Abschnitt ist also ein Teil des Programmes, in dem sich maximal **ein** Thread befinden darf. Im weitesten Sinne stellen diese mutex-Strukuren eine Form von Semaphoren dar. Damit sind die Threads in einem kritischen Abschnitt sozusagen voreinander geschützt.

Wie sehen nun die einzelnen Aufrufe dieses API aus? Tab. 6.3 gibt Aufschluß darüber.

[29] im Deutschen: gegenseitiger Ausschluß

mutex_init(*m*)
mutex_clear(*m*)
mutex_lock(*m*)
mutex_try_lock(*m*)
mutex_unlock(*m*)

Tab. 6.3 Aufrufe für die Behandlung des gegenseitigen Ausschlusses

Für Tab. 6.3 und die folgenden Ausführungen gilt: der Parameter *m* ist ein Zeiger auf eine Variable vom Typ mutex.

- mutex_init: die mutex-Variable wird initialisiert. Ein Beispiel für eine dieser Aufgaben von mutex_init: das Anlegen einer Warteschlange, in die die auf die Freigabe von *m* wartenden Threads eingetragen werden.
- mutex_clear: benötigt man diese mutex-Variable nicht mehr, so wird sie mit dieser Funktion freigegeben. Dies ist also das Gegenstück zu mutex_init. Hierzu zählt dann auch das Freigeben der oben erwähnten Warteschlange der blockierten Threads.
- mutex_lock: möchte ein Thread in einen kritischen Abschnitt eintreten, so fordert er mit mutex_lock die zugehörige mutex-Variable an. Befindet sich bereits ein anderer Thread im kritischen Abschnitt, so wird der anfordernde Thread solange blockiert, bis der andere Thread die mutex-Variable mit mutex_unlock wieder freigegeben hat. Es ist klar, daß ein mutex_lock-Aufruf auf eine mutex-Variable, die ein Thread bereits selbst gesperrt hat, zum Deadlock führt.
- mutex_try_lock: möchte ein Thread zuerst einmal überprüfen, ob die mutex-Variable belegt ist, ob sich also ein anderer Thread bereits im kritischen Abschnitt befindet, kann er dies mit mit mutex_try_lock durchführen. Diese Funktion liefert 0 zurück, wenn der Thread blokkieren würde, falls er mutex_lock ausführt. Im Gegensatz zu mutex_lock wird der Thread dabei *nicht* blockiert. Sollte die mutex-Variable nicht belegt sein, liefert mutex_try_lock 1 zurück. Andere Threads, die mittels mutex_lock auf diese mutex-Variable zugreifen werden blok-

kiert. Die oben beschriebene Funktion mutex_lock ließe sich mittels aktivem Warten so realisieren [Coop90]:

```
mutex_lock(m)
{
        for (;;)
                if (mutex_try_lock(m))
                        return;
}
```

❏ mutex_unlock: beim Austritt aus dem kritischen Abschnitt gibt ein Thread die mutex-Variable mittels mutex_unlock wieder frei. Sollten andere Threads blockieren, weil sie ebenfalls in diesen kritischen Abschnitt eintreten wollen, so wird aus den wartenden Threads einer ausgewählt. Dieser Thread kehrt dann aus dem blockierten mutex_lock-Aufruf zurück und kann mit der Abarbeitung des kritischen Abschnittes beginnen.

Die Cthread-Bibliothek realisiert den mutex-Typ als Struktur; alle Funktionen des APIs erwarten einen Zeiger auf einen solchen struct. Man kann mutex-Variablen statisch definieren und diese dann mittels mutex_init und mutex_clear initialisieren bzw. freigeben. Da aber alle in der obigen Tabelle aufgeführten Funktionen sowieso Zeiger auf die jeweilige mutex-Struktur erwarten, kann man mutex-Variablen ebensogut (und eleganter) dynamisch erzeugen und löschen. Die Bibliothek stellt dazu die Aufrufe mutex_alloc und mutex_free zur Verfügung[30]. Die Realisation sieht dann in etwa so aus [Coop90]:

```
mutex_t mutex_alloc()
{
        mutex_t m;
        m = (mutex_t) malloc(sizeof(struct mutex));
```

[30] analog zu den Freispeicherverwaltungsaufrufen der Laufzeitbibliothek malloc() und free()

```
        mutex_init(m);
        return m;
    }
```

mutex_t ist dabei ein Zeigertyp auf den schon besprochenen mutex-struct. Analog dazu kann man mutex_free implementieren [Coop90]:

```
    mutex_free(mutex_t m)
    {
        mutex_clear(m);
        free(m);
    }
```

6.3.4 Synchronisation von Threads

Neben den mutex-Variablen als "Wächter" für kritische Abschnitte gibt es noch einen weiteren Mechanismus in der Cthread-Bibliothek, mit dem sich Threads untereinander verständigen können: die Synchronisationspunkte (conditions). Folgendes Beispiel soll die Funktionalität verdeutlichen. Ein beschränkter Puffer ist ein Array, der nur eine gewisse, maximale Anzahl von Elementen aufnehmen kann (deswegen auch beschränkt). Nun gibt es zwei Threads - einen Produzenten und einen Konsumenten -, die jeweils Elemente in den Puffer einfügen und entnehmen. Dabei sind folgende Bedingungen zu beachten: der Konsument kann aus einem leeren Puffer nichts entnehmen, während der Produzent in einen vollen Puffer nichts hineinschreiben kann. Der Konsument muß dem Produzent also irgendwie mitteilen, daß er gerade ein Element aus einem vollen Puffer entnommen hat und der Produzent muß andererseits den Konsumenten benachrichtigen, wenn er ein Element in den leeren Puffer geschrieben hat. Man könnte das natürlich über IPC-Mechanismen realisieren; es gibt jedoch einen einfacheren, eleganteren und vor allen Dingen schnelleren Weg: sog. condition-Variablen zeigen das Eintreten einer gewissen Bedingung an. Folgende Primitive werden von der Cthread-Bibliothek für die Verwaltung dieser condition-Variablen bereitgestellt (Tab. 6.4):

condition_init(*c*)
condition_clear(*c*)
condition_signal(*c*)
condition_broadcast(*c*)
condition_wait(*c*, *m*)

Tab. 6.4 Synchronisationsmechanismen

Der Parameter *c* kennzeichnet in Tab. 6.4 eine condition-Variable, *m* in der Funktion condition_wait eine Variable vom Typ mutex.

- condition_init, condition_clear: entsprechend den Funktion zur mutex-Verwaltung dienen diese Routinen zur Initialisierung und zum Löschen von condition-Variablen. Dabei gibt es wie bei den mutex-Variablen auch Funktionen, um condition-Variablen dynamisch zu erzeugen und wieder zu löschen. Dies sind: condition_alloc und condition_free.
- condition_signal: hiermit kündigt ein Thread das Eintreffen der mit der condition-Variable *c* assoziierten Bedingung an. Einer der Threads, die mittels condition_wait auf das Eintreffen dieser Bedingung warten, wird daraufhin "zum Leben erweckt".
- condition_broadcast: im Gegensatz zu condition_signal werden **alle** Threads, die auf das Eintreffen der Bedingung warten, geweckt. Ansonsten besitzt diese Routine die gleiche Funktionalität wie condition_signal.
- condition_wait: dieses ist wohl die am schwierigsten zu verstehende Funktion der obigen Tabelle. Ein Thread, der auf das Eintreffen der mit der condition-Variable *c* assoziierten Bedingung wartet, ruft diese Funktion auf. condition_wait blockiert dann den Aufrufer solange, bis ein entsprechendes condition_signal eintrifft. Die Funktion hat jedoch noch einen weiteren Parameter: *m* ist ein Zeiger auf eine Variable vom Typ mutex. Genaugenommen passiert in der Funktion intern folgendes: zuerst wird *m* mittels mutex_unlock freigegeben, danach wird auf

ein entsprechendes condition_signal (für die condition-Variable *c*) gewartet. Trifft dieses ein, so wird m wiederum mittels mutex_lock belegt und die Funktion kehrt zum aufrufenden Thread zurück. Da sich jedoch unter Umständen mehrere Threads um die condition-Variable bewerben (also condition_wait aufgerufen haben), ist es ratsam, nach erfolgtem condition_wait die mit der condition-Variable *c* verknüpften Bedingung erneut zu überprüfen. Der Aufruf dieser Routine sollte also nur in folgender Form erfolgen [Coop90]:

```
mutex_lock(m);
...
while ( /* Bedingung wird nicht erfüllt*/ )

     condition_wait(c, m);
...
mutex_unlock(m);
```

Warum aber jetzt noch zusätzlich eine Variable vom Typ mutex? Ein Beispiel soll dies verdeutlichen. Im obigen Beispiel des beschränkten Puffers kann ein Konsument nur Daten entnehmen, wenn ein Puffer überhaupt Elemente enthält. Also wird er in seinem kritischen Abschnitt (Element aus dem Puffer entnehmen) auf die Bedingung "nicht leer" (äquivalent zu "Anzahl der Elemente im Puffer größer Null") warten. Der Thread muß sich auf jeden Fall im kritischen Abschnitt befinden, denn das Überprüfen der Bedingung "Anzahl der Elemente größer Null" setzt voraus, daß die Variable, die über die Anzahl der Elemente Buch führt, nicht gleichzeitig vom Konsumenten- und Produzenten-Thread manipuliert wird. Der Konsumenten-Thread wartet nun mittels condition_wait auf das Eintreffen der Bedingung "Puffer nicht leer". Dazu wird zuerst ein mutex_unlock auf den Wächter des kritischen Abschnittes durchgeführt. Der Produzent kann also jetzt seinerseits seinen kritischen Abschnitt betreten und ein Element im Puffer ablegen, da der kritische Abschnitt ja vom Konsumenten freigegeben wurde. Hiernach ruft er die Funktion condition_signal ("Anzahl der Elemente größer Null") auf und gibt den kritischen Abschnitt mittels mutex_unlock wieder frei. Danach deblockiert der Konsument, belegt die mutex-Variable (in der Funktion condition_wait) und kann das gerade produzierte Element aus dem Puffer entnehmen. Zum Schluß gibt er seinen kritischen Abschnitt mittels mutex_unlock wieder frei (s. Abb. 6.5).

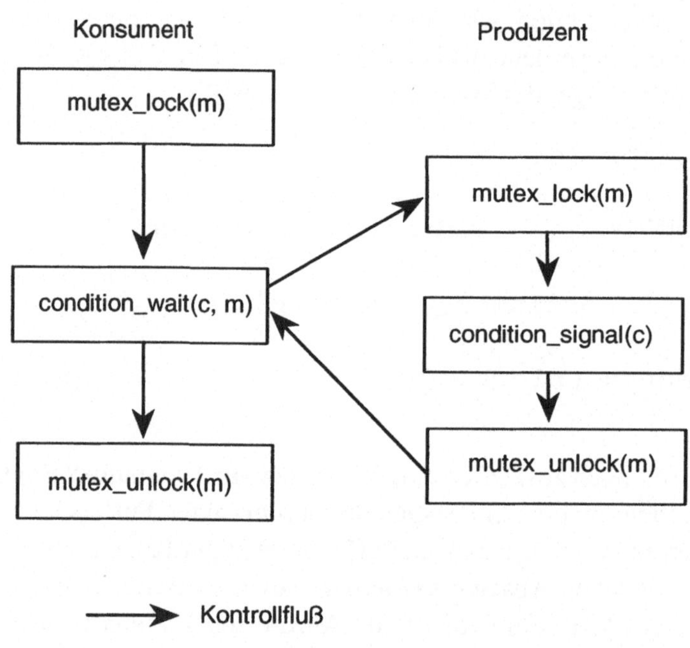

Abb. 6.5 Kontrollfluß beim Produzenten-Konsumenten-Problem

6.4 Ein Beispielprogramm

Als Anschauungsmaterial soll eine Implementierung von Conway´s Problem's Problem mittels Cthreads dienen. Wie üblich findet man das Listing dieses Programmes im Anhang. Da dieses Problem in der einschlägigen Literatur [Bena82] eingehend diskutiert wird, an dieser Stelle nur eine kurze Problembeschreibung: es sollen Lochkarten mit 80 Spalten gelesen werden. In einem anschließenden Bearbeitungsschritt soll jedes Vorkommen der Zeichenkette "**" durch ein '^'-Zeichen ersetzt werden, wobei nach jeder gelesenen Karte ein Leerzeichen eingefügt wird. Die so bearbeiteten Zeichenketten sollen auf Lochkarten von 125 Zeichen Länge ausgegeben werden. Natürlich ist es möglich, dieses Problem mittels eines sequentiellen Programmes zu programmieren, eine elegantere Lösung besteht jedoch aus einem Programm mit drei Threads: einem Thread, der 80 Zeichen lange Eingaben liest und an jede Eingabekarte ein Leerzeichen anhängt, einem Thread, der von der Länge des Ein- und Ausgabeformates nicht weiß, sondern nur die Zeichensubstitution durchführt, sowie einem Ausgabethread, der einfach die bearbeiteten Zeichen auf Karten von 125 Zeichen Länge ausgibt.

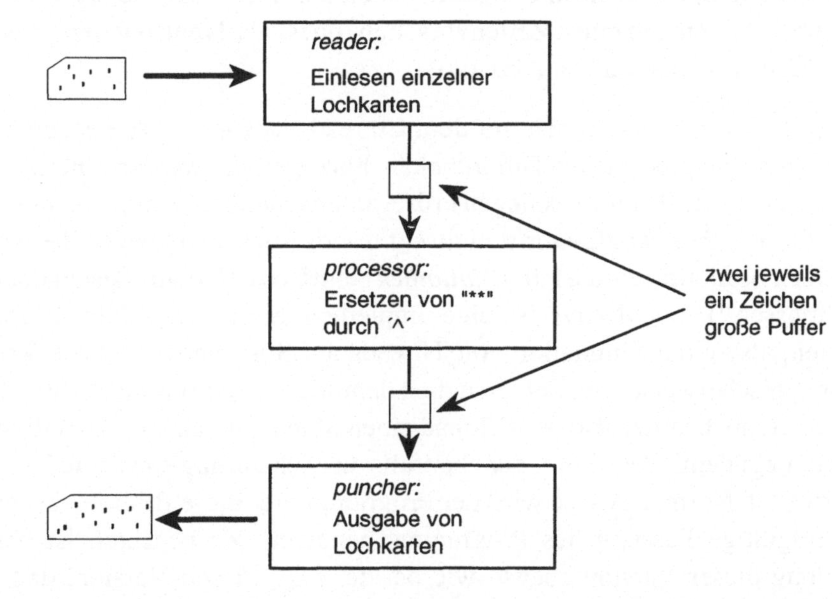

Abb. 6.6 Conway's Problem mittels drei Threads

Da das Listing selbsterklärend ist, an dieser Stelle nur einige Anmerkungen zum Programm. Der Thread, der die Zeichen einliest, heißt *reader* und kommuniziert über buffer0->reader_c, dem ein Zeichen großen Puffer, mit dem Thread *processor*. Dieser nimmt ein Zeichen entgegen und überprüft ob es sich hierbei um ein '*' handelt. Ist dies nicht der Fall, wird es an den letzten Thread (*puncher*) weitergereicht, der es ausgibt. Sollte das eingelesene Zeichen jedoch ein '*' sein, so wird das nächste Zeichen von *reader* geholt. Beim zweiten Zeichen wird ebenfalls zwischen einem "normalen" Zeichen und dem '*' unterschieden. Im ersten Fall wird zuerst ein '*' an den *puncher*-Thread weitergegeben, da ja nicht ersetzt zu werden braucht. Ist das zweite Zeichen ebenfalls ein '*', so wird ein '^' an dessen Stelle an den *puncher* übergeben, wie es obige Problembeschreibung vorsieht. Der Kartenstanzer (*puncher*) liest alle Zeichen, die er vom *processor* bekommt, über einen weiteren ein Zeichen großen Puffer ein und gibt diese auf der Standardausgabe (welche in diesem Fall unser "Kartenstanzer" ist) aus. Das Programm überliest im Thread *reader* sämtliche Zeilenvorschübe ('\n' in der Unix-Terminologie) und fügt nach jedem 80. Zeichen, das er liest, ein Leerzeichen ein. Der Ausgabethread erzeugt nach jedem 125. Zeichen einen Zeilenvorschub, quasi als Trennzeichen zwischen den einzelnen "Lochkarten" (s. Abb. 6.6).

Beim Erstellen von Programmen mit dem Cthread-Package ist zu beachten, daß zusätzlich die entsprechenden Bibliotheken hinzugelinkt werden müssen. Die Routinen der Cthread-Bibliothek liegen in drei unterschiedlichen Implementierungsformen vor: *co_threads*, *threads* und *task_threads* (dies sind jeweils die Namen der einzelnen Bibliotheken, die mit -l*Bibliothek* beim Compileraufruf dazugebunden werden müssen[31]). *co_threads* ist eine Implementierung der Cthreads mittels Koroutinen, also einer Simulation von Threads auf Sprachebene. Diese Version wird man typischerweise zum Fehlersuchen benutzen. *threads* bildet Cthreads auf Kern-Threads ab, benutzt also pro Cthread einen Mach-Thread. Das Handling von Threads obliegt damit dem Kern, der ebenfalls das Scheduling sowie die Verdrängung verwaltet. Normalerweise wird der Programmierer diese Bibliotheksversion für die entgültige Fassung des Programms benutzen. Zu beachten ist bei der Verwendung dieser Version ebenso wie bei der *task_thread*-Version, daß auch Bibliotheksroutinen parallel aufgerufen werden können. Sämtliche Routinen, die in Anwendungsprogramm verwandt werden können, (typischerweise alle in libc.a) müssen also wiedereintrittsfähig (reentrant) sein. OSF/1 stellt daher eine wiedereintrittsfähige Version der Laufzeitbibliothek des C-Compilers zur Verfü-

[31] s. Optionen beim C-Compileraufruf

gung, die entsprechende Datei heißt libc_r.a und ist im selben Verzeichnis wie die Standardbibliothek zu finden. Die Implementierung für die Version *task_thread* legt pro Thread eine eigene Task an. Dies stellt das allgemein in Unix übliche Prozeßmodell dar. Der gemeinsame Speicher wird hierbei über die Mach-VM-Schnittstelle realisiert[32]. Zu beachten ist hierbei einmal die Port-Semantik: jeder Thread hat nun eigene Ports, die von anderen Threads nicht benutzt werden können. Ferner wird das Programm durch die Verwendung dieser Version der Bibliothek ineffizienter, da ein Task-Wechsel beim Scheduling wesentlich länger dauert als ein Thread-Wechsel. Alle drei Versionen des Cthread-Package müssen vor der Mach-Bibliothek libmach.a gebunden werden. Ein typischer Compiler-Aufruf sieht dann so aus:

```
cc -o Output *.c ... -lthreads -lmach
```

6.5 Abschließende Bemerkungen

Das hier vorgestellte Cthread-Package ist nicht das einzige Werkzeug zur - einigermaßen komfortablen - Programmierung von Threads. Zum Lieferumfang von OSF/1 gehört anstelle der Cthread-Bibliothek die Pthread-Bibliothek. Pthreads entsprechen dabei dem Standard P1003.4a des IEEE. Die Funktionalität ist weitgehend die gleiche, das Pthread-Package bietet jedoch einen erheblich erweiterten Funktionsumfang als das Cthread-Package. So kann man beispielsweise direkt die Stackgröße eines Threads beeinflussen, was mit der Cthread-Bibliothek nicht so einfach möglich ist. Damit reicht die Pthread-Bibliothek viel mehr von der Semantik des Kerns nach oben weiter an die Schnittstelle zur Applikation. Der Nachteil bei diesem Package ist die stark erhöhte Komplexität, die man sich aufgrund der erhöhten Funktionalität erkauft. Daher wurde für dieses Kapitel bewußt die Cthread-Bibliothek als einfaches Anschauungsobjekt gewählt.

Da andere Betriebssysteme wie beispielsweise OS/2 ebenfalls diese leichtgewichtigen Prozesse (Threads) verwenden, stellt sich die Frage: wo liegen nun die Vorteile der Threads? Wie eingangs schon erläutert, ist ein Thread-Switch wesentlich billiger, da typischerweise nur Befehlszähler, Registerinhalte und Stack

[32] in der Mach-Terminologie: shared VM-Objects

umgeschaltet werden müssen. Im Gegensatz hierzu bedingt ein traditioneller Task-Wechsel u. a. eine komplette Adreßraumumschaltung, die natürlich ihre Zeit dauert. Demgegenüber muß man bei den Threads jeden Zugriff auf ein gemeinsam benutztes Datum synchronisieren, da es sonst zu einem heillosen Durcheinander kommt. Threads werden also dort eingesetzt, wo die Problemstellung einen gemeinsam benutzten Adreßraum bedingt und es auf schnelle Reaktion auf ein Ereignis ankommt, der typischerweise mit einem Thread-Switch verbunden ist. Ein Beispiel hierfür ist der Mach-Kern selbst: man spricht in diesem Zusammenhang von einem "multithreaded kernel". Ein Beispiel soll das verdeutlichen: eine Applikation wünscht eine Botschaft zu empfangen und ruft msg_receive() auf. Ein Kernel-Thread nimmt diese Aufforderung in Form eines Betriebssystemaufrufes entgegen und versucht, eine Nachricht aus dem angegeben Port der Warteschlange zu entnehmen[33]. Unglücklicherweise ist jedoch die Warteschlange leer, es wurden also bisher keine Nachrichten zu diesem Port gesendet. Also blockiert der Thread bis zum Eintreffen einer Nachricht (und mit ihm die Anwendung). Würde der Kern aus einem einzigen Thread bestehen, so wäre der ganze Kern blockiert.

[33] dieses Darstellung ist stark vereinfacht, die tatsächliche Arbeitsweise ist viel komplexer

7 Das Virtual Memory System

In Kapitel 3 wurde bereits dargestellt, was ein Speicherobjekt oder VM-Objekt ist. Dieses Kapitel soll die Programmierschnittstelle erläutern, die Mach zur Verwaltung des virtuellen Speichers (Virtual Memory, VM) anbietet. Ein Beispielprogramm, das die Zusammenarbeit zwischen einem Produzenten und einem Konsumenten darstellt, die parallel einen Puffer bearbeiten, rundet das Ganze ab.

7.1 Aufbau der virtuellen Speicherverwaltung

Die Verwaltung des virtuellen Speichers in Mach gliedert sich in zwei Teile: in einen maschinenunabhängigen und einen maschinenabhängigen Teil, das sog. pmap-Modul. Dieses Pmap-Modul berücksichtigt dabei die spezielle Architektur des zugrundeliegenden Mikroprozessors, auf dem ein Mach-Kern läuft. Er stellt damit das Bindeglied zur Hardware dar. Da jeder Hersteller von Mikroprozessoren auf dem Gebiet des Speichermanagements seine eigene Philosophie verfolgt, existieren eine Vielzahl - natürlich nicht kompatibler - Mechanismen. So hat z.B. der i386 von Intel eine eingebaute MMU, beim 68020 von Motorola muß man diese Siliziumkomponente als eigenen Chip zum System hinzufügen. Einige Prozessoren stellen ein auf Segmenten beruhendes Speichermodell zur Verfügung, andere wiederum arbeiten mit einem linearen Modell. Die Aufgabe des maschinenabhängigen Teils des Kerns ist es, diese Unterschiede für den Rest des Systems zu verbergen. Folglich muß dieser Teil des VM-Managements bei jeder Portierung neu geschrieben werden. Das Interface zwischen dem maschinenabhängigen und -unabhängigen Teil ist jedoch genau spezifiziert, damit dieses Neuschreiben nicht zu einer unmöglichen Aufgabe wird. Diese Schnittstelle verbindet das pmap-Modul, in dem das maschinenabhängige VM-Management zu finden ist, mit der maschinenunabhängigen, virtuellen Speicherverwaltung.

Die wesentliche Abstraktion, mit der der maschinenunabhängige Teil arbeitet, ist das VM-Objekt. Ein VM-Objekt besteht einmal aus einer Menge von Seiten, die im Hauptspeicher vorhanden, also resident, sind. Jedes VM-Objekt besitzt ein Schutzattribut, das der zugrundeliegenden Hardware entspricht. So kennt z.B. der Intel i386 - ein weit verbreiteter Mikroprozessor (die Chancen stehen gut, daß sich in dem Blechkasten auf oder unter Ihrem Schreibtisch ein eben solcher befindet) - generell die Attribute: "nur lesen" (R/O), "lesen und schreiben" (R/W) und "nur ausführen" (execute only) für jeweils eine einzelne Speicherseite. Ein VM-Objekt besitzt daher nur Seiten eines bestimmten Schutzattributes. Eine Mach-Implementierung auf einem 386-PC kann dann VM-Objekte zur Verfügung stellen, die sich beispielsweise nur lesen lassen (dies ist eine der wenigen Stellen im Mach-Kern, wo Aspekte der zugrundeliegenden Hardware sichtbar werden). Desweiteren beinhaltet ein VM-Objekt einen Port zu einem Pager, der für die Ein- und Auslagerung von Seiten des Objektes sorgt (in Abb. 7.1 als Kreis dargestellt). Im einfachsten Fall ist der Pager Bestandteil des Kernes, der dafür sorgt, daß es bei einem drohenden Mangel an Hauptspeicherseiten zu einer Auslagerung von Seiten auf ein Sekundärmedium kommt. In herkömmlichen Betriebssystemen ist dies eine Festplatte. Sind dann wieder genug Seiten frei (weil z.B. eine Applikation Teile ihres Speichers freigegeben hat oder eine Task beendet wurde), können wieder Seiten vom Sekundärmedium eingelagert werden. Es besteht jedoch die Möglichkeit, daß ein Pager extern realisiert wird, beispielsweise von einer anderen Systemkomponente wie einem dedizierten Server zur Verfügung gestellt wird. Genaueres dazu im nächsten Kapitel.

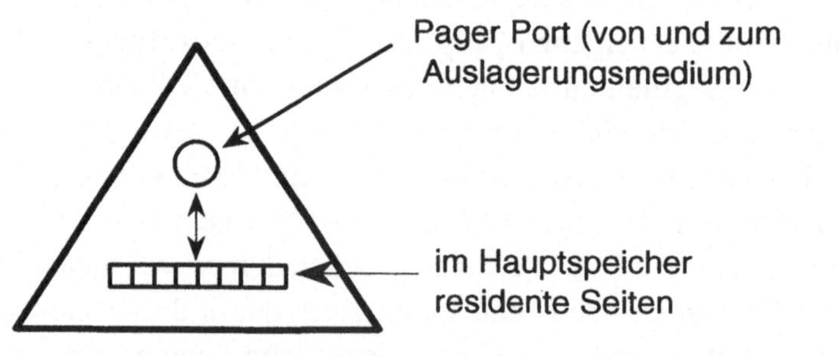

Abb. 7.1 Aufbau eines VM-Objekts

Wie sieht es nun mit Kind-Prozessen aus? In Unix passiert bei einem fork()-Aufruf in Bezug auf den virtuellen Adreßraum folgendes: für jede Speicherseite der Elter-Task wird eine neuen Seite im Adreßraum des Kind-Prozesses erzeugt, in die dann der Inhalt der Seite kopiert wird [Bach87]. Der Kind-Prozeß sieht also eine logische Kopie des Adreßraums seiner Elter-Task. Diesen Modus kennt Mach als Unix-Nachfolger natürlich auch, es wird von jedem VM-Objekt eine Kopie für den Kind-Prozeß erzeugt. Da aber oft eine Kopie des VM-Objektes gar nicht erforderlich ist, gibt es noch zwei weitere Modi: einmal erbt der Kind-Prozeß gar nichts oder VM-Objekte werden gemeinsam benutzt (Shared Memory) [Walm89b]. Die Motivation für den ersten Modus liegt auf der Hand: wird der Kind-Prozeß nur erzeugt, um ein weiteres Programm parallel ablaufen zu lassen (folgt dem fork() also direkt ein exec()) - ist die Anlage ein Kopie des Adreßraums nicht notwendig und kostet nur Prozessorzyklen, die besser genutzt werden könnten. Aus diesem Grund kennt z.B. die BSD-Version des Unix-Betriebssystems die Funktion vfork(), wo ebenfalls keine Seiten beim Anlegen des Kind-Prozesses kopiert werden [Leff89]. Dann gibt es in Standard-Unixsystemen die Fälle, wo zuerst der Adreßraum kopiert wird, um danach wieder mittels Systemaufrufen mühsam einen gemeinsam benutzten Speicherbereich in beiden Adreßräumen aufzubauen[34]. Daher kann man in Mach festlegen, daß bestimmte VM-Objekte gemeinsam benutzt werden (shared VM-Objects). Jeder dieser Modi kann dabei für jeweils einzelne VM-Objekte vereinbart werden.

7.2 Die Schnittstelle zur VM-Verwaltung

Wie sieht nun die VM-Verwaltung von Mach aus Programmierersicht aus? Tab. 7.2 gibt die wichtigsten Aufrufe wieder, die im folgenden kurz erläutert werden [Teva87a].

---

vm_allocate (*task, address, size, anywhere*)
vm_deallocate (*task, address, size*)

---

[34] z.B. wenn beide Prozesse **doch** miteinander kommunizieren müssen

vm_read (*task, address, size, data, count*)
vm_write (*task, address, size, data, count*)
vm_protect (*task, address, size, maximum Protection, current protection*)
vm_inherit (*task, address, size, inheritance*)
vm_statistics (*task, statistics*)

Tab. 7.2 Aufrufe der virtuellen Speicherverwaltung

Wie bei allen Funktionen der anderen Kern-APIs auch ist der Typ der Funktion kern_return_t. Ein Rückgabewert ungleich KERN_SUCCESS signalisiert einen Fehler.

- vm_allocate: dies ist der Aufruf zur Speicheranforderung. Der Parameter task gibt dabei wie üblich entweder die eigene Task (task_self()) oder den Port einer Task an, zu dem man die Senderechte besitzt. *address* enthält die Adresse des VM-Objektes nach der Allokation. *size* bestimmt die Größe des VM-Objektes in Bytes. Dabei wird beim Anlegen von VM-Objekten üblichlicherweise zu der nächsthöheren Seitengrenze aufgerundet. Der boole'sche Parameter *anywhere* gibt dabei an, ob das VM-Objekt irgendwo im virtuellen Adreßraum angelegt werden soll oder an einer bestimmten Adresse. Im letzteren Fall muß der Parameter *address* die gewünschte VM-Addresse vor dem Aufruf dieser Routine enthalten. So ist es möglich, sog. spärlich besetzte Adreßräum[35] anzulegen. Das hat den Vorteil, daß der gesamte virtuelle Adreßraum, den der Mikroprozessor zur Verfügung stellt, ausgenutzt werden kann, ohne daß Beschränkungen hinsichtlich der Verwaltungsinformationen auftreten[36]. vm_allocate merkt jedoch nur das Anlegen von physikalischen Speicherseiten vor, die Belegung der Ressourcen selbst wie Seitentabelleneinträge und MMU-Verwaltungsinformationen werden erst zum Zeitpunkt der ersten Referenzierung

35 Sparse Address Spaces

36 Jede Seite eines virtuellen Adreßraums muß von der MMU mittels Seitentabellen verwaltet werden. Da dieses typischerweise im Hauptspeicher gemacht wird, kann es hier zu Engpässen kommen.

im Pmap-Modul vorgenommen. Dieses ist ein Beispiel für einen sog. *Lazy Evaluation* Mechanismus, ein Paradigma, welches man in Mach häufiger findet (s. z.B. *C*opy on *W*rite). Durch diese Form der Verarbeitung wird z.T. eine erhebliche Leistungssteigerung erzielt, da so Ressourcen, die hinterher doch nicht mehr benötigt werden, erst gar nicht angefordert werden.

- vm_deallocate: führt die Freigabe eines Objektes durch. Die Parameter haben - bis auf *anywhere* - die gleiche Bedeutung wie bei vm_allocate.
- vm_read: mit dieser Routine ist es möglich, ein VM-Objekt einer anderen Task (Parameter *task*) zu lesen, sofern man die entsprechenden Rechte dazu besitzt (natürlich ist es so auch möglich, den Adreßraum der eigenen Task zu lesen). *address* gibt dabei die Adresse des VM-Objektes an, das man lesen möchte, *data* und *count* die Stelle im eigenen Adreßraum, wo die Daten landen sollen. Zu beachten ist dabei, daß *address* auf einer Seitengrenze liegen muß. Die Daten werden in einem neu angelegten VM-Objekt gespeichert, welches später mit vm_deallocate freigegeben wird.
- vm_write: analog zu vm_read ist hier ein Schreiben in den Adreßraum einer anderen Task möglich. *address* gibt dabei die Adresse des zu beschreibenden VM-Objektes an.
- vm_protect: versieht ein VM-Objekt mit einem Schutzattribut. Man unterscheidet dabei zwischen dem gegenwärtigen (*Current Protection*) und maximal möglichen (*Maximum Protection*) Schutzattribut. Sollte dabei das maximal mögliche das gegenwärtigen unterschreiten, wird das momentane Schutzattribut entsprechend angepaßt. Ein Beispiel: ein VM-Objekt hat den maximalen Schutz "lesen und schreiben". Der momentane Schutz ist ebenfalls "lesen und schreiben". Nun wird das maximal mögliche Schutzattribut auf "nur lesen" gesetzt. Entsprechend ändert sich das momentane Schutzattribut auf "nur lesen".
- vm_inherit: hiermit werden die Vererbungscharakteristika des VM-Objektes gesetzt. Wie oben besprochen, kann das entweder teilen, kopieren oder kein Zugriff bedeuten.
- vm_statistics: der Aufruf dieser Routine gibt Auskunft über den momentanen Zustand des VM-Systems. Der Parameter *statistics* ist

dabei ein Zeiger auf eine Struktur, die nach dem Aufruf u.a. folgende Werte enthält: die Seitengröße des virtuellen Speichers, die Anzahl der freien Seiten, die Anzahl der aktiven und inaktiven Seiten sowie die Anzahl der nicht-verdrängbaren Seiten (*Wired Down Pages*). Die letzten drei Angaben bedürfen näherer Erläuterung. Unter inaktiven Seiten versteht man in Mach Seiten, die darauf warten, in den Sekundärspeicher (meistens die Festplatte) übertragen zu werden (Page Outs). Das kann passieren, wenn der Kern nicht mehr genug freie Seiten hat. Aktive Seiten sind dann alle Seiten, die nicht inaktiv und auch nicht im Sekundärspeicher stehen. Nicht-verdrängbare Seiten sind Seiten, die aufgrund spezieller Operationen nicht auf den Sekundärspeicher ausgelagert werden können. Hierunter fallen unter anderem natürlich alle Seiten, die der Kern selbst für die Verwaltung des VM-Systems benötigt.

7.3 Das Programm

Am Schluß dieses Kapitels über das VM-System von Mach soll ein kurzes Beispielprogramm stehen, welches einen beschänkten Puffer verwaltet (Programmlisting s. Anhang). Das Programm besteht aus zwei Teilen: einem Produzenten, der die Daten erzeugt sowie einem Konsumenten, der diese verbraucht, in diesem Fall am Bildschirm anzeigt. Eine ausführliche Diskussion dieses Themas findet der interessierte Leser beispielsweise in [Tane87] oder anderen Büchern über Betriebssystemgrundlagen.

Da das Programmlisting im Anhang selbsterklärend ist, an dieser Stelle nur einige kurze Bemerkungen. Im Hauptprogramm wird zuerst das VM-Objekt mittels vm_allocate erzeugt. Dabei ist zu beachten, daß an dieser Stelle ein **Zeiger** auf die Variable **buffer** übergeben wird, da sich in ihr nach dem Aufruf die Adresse des VM-Objektes befindet. Bevor der Kind-Prozeß erzeugt wird, setzt das Programm den Vererbungsmodus des VM-Objektes auf share. Danach wird der Kind-Prozeß über einen normalen fork()-Aufruf erzeugt. Kind- und Elter-Task rufen dann jeweils die entsprechenden Prozeduren auf und kommunizieren über den beschränkten Puffer. Die Verwendung von einem Wächter in den kritischen Abschnitten garantiert wechselseitigen Ausschluß [Bena82]. Damit Wächter (Variable **lock**) des kritischen Abschnittes und Zähler der Pufferelemente für beide Prozesse sichtbar werden, müssen sie ebenfalls Bestandteil des gemeinsamen virtuellen Speichers sein. Am Schluß beendet sich der Kind-Prozeß mit einem normalen exit()-Aufruf. Die Elter-Task dagegen kehrt zur main()-Routine zurück, wo sie als letzte Aktion das VM-Objekt wieder freigibt.

Eine Anmerkungen zum Schluß dieses Kapitels: primär ist dieses Kapitel als Grundlage für das nächste Kapitel - das externe Memory Management Interface - gedacht. Bei der täglichen Programmierung wird man sich meist - nicht zuletzt aus Kompatibilitätsgründen zu bestehender Unix-Software - auf die Verwendung des Standard-mallocs beschränken, da die oben beschriebene Schnittstelle doch relativ kernnah - und somit wenig portabel - ist. Dennoch gibt es Situationen (z.B. Shared Memory), wo es ratsam ist, sich auf diese kernnahen VM-Primitive zu besinnen.

8 Das externe Memory Management Interface

Dieses Kapitel beschreibt das externe Memory Management Interface (EMMI) von Mach. Ausgehend von der Diskussion der VM-Objekte im letzten Kapitel wird im folgenden die Systemschnittstelle zu externen Pagern dargestellt. Diese Schnittstelle läßt sich in einzelne Gruppen unterteilen, auf die danach im folgenden näher eingegangen wird. Abschließend werden noch einige Anwendungen dieses Konzeptes beschrieben.

8.1 Motivation

Wie bereits im vorigen Kapitel dargestellt, besitzt jedes VM-Objekt neben einer Menge von residenten Seiten einen Port, der die Verbindung zu einem Pager herstellt. Der Pager nimmt über dem VM-Objekt zugeordneten Pager Port auf Verlangen des Kerns Seiten entgegen oder beliefert den Kern mit Seiten. Jedes VM-Objekt ist dabei einem Pager zugeordnet, der das Objekt verwaltet[37]. Der Hauptspeicher stellt somit einen Cache für alle VM-Objekte aller Tasks dar. Bei der Betrachtung dieses Konzeptes taucht jedoch eine Frage auf: wieso muß der Pager überhaupt Bestandteil des Kernes sein? Wäre es nicht viel flexibler, wenn eine Applikation, die beispielsweise ihre Seiten durch ein Rechnernetzwerk schickt[38], ihren eigenen Pager - sprich Memory Manager - zur Verfügung stellen kann?

Genau diesen Mechanismus stellt Mach zur Verfügung. Mittels eines externen Memory Managers können Seiten innerhalb von VM-Objekten verwaltet werden. Um beim Beispiel mit dem verteilten Speicher zu bleiben: stellen wir uns vor, ein

---

37 deswegen werden im folgenden die Begriffe Manager und Pager auch synonym benutzt

38 also verteilten Speicher benutzt

großes Programm zur Berechnung des morgigen Wetters berechnet eine sehr große Anzahl von Matrizen. Da man jedoch alle 32 Prozessoren seines Rechnernetzes beschäftigen möchte, besteht ein Großteil der Arbeit darin, Ergebnisse von Berechnung oder Teilmatrizen durch das Rechnernetz zu schicken, damit die einzelnen Knoten ihre Werte ermitteln können. Ausgehend von dieser Situation gibt man der Applikation ein eigenes EMMI mit. Während ein Großteil der Anwendung damit beschäftigt ist, die einzelnen Matrizen zu berechnen, sorgt ein anderer Teil - das EMMI unseres Wettersystems - auf dem lokalen Knoten dafür, daß zum einen Speicherseiten mit Ergebnissen, die nicht mehr auf dem lokalen Knoten benötigt werden[39], bereits an andere Knoten verschickt werden, während andere Seiten von anderen Knoten angefordert werden müssen, damit weiter gerechnet werden kann. Geschickterweise legt das Programm, welches auf jedem Knoten des Rechnernetzes läuft, seine Matrizen bzw. deren rechnerinterne Repräsentation genau in VM-Objekte, die der programmeigene Pager auch verwaltet. Die kleinen Kästchen in Abb. 8.1 im EMMI-Teil des Wettersystems sind dabei die einzelnen Speicherseiten, die die Matrizen enthalten. Bei der rechnerinternen Darstellung der Matrizen kann es natürlich vorkommen, daß eine Zahl auf der Grenze zwischen zwei Seiten liegt oder eine Matrix nicht genau eine ganze Anzahl von Seiten belegt. Das ist jedoch der Unterschied zwischen Theorie und Praxis und sollte bei der Betrachtung des Beispiels nicht weiter vom eigentlichen Thema ablenken: dem Mach EMMI.

Das Mach EMMI ist dabei eine Sammlung von Routinen, die hauptsächlich von beiden Seiten (Manager und Kern) asynchron aufgerufen werden, um einzelne Funktionen zu erfüllen. Jede dieser Routinen stellt im Prinzip nichts anderes als ein Stub dar, der mittels MIG erzeugt wurde. Bemerkenswert ist dabei das asynchrone Verhalten der Schnittstelle: verdrängt zum Beispiel der Kern Seiten in den Pager, wartet die zugehörige Prozedur, die vom Kern aufgerufen wurde, nicht auf die Bestätigung des Pagers, sondern kehrt sofort zum Aufrufer zurück. Somit wird ein effizientes Verhalten des Kerns erreicht: würde der Kern solange warten, bis der Pager die Seiten zum Ziel befördert hat, wäre die Applikation in obigen Beispiel solange blockiert. Man stelle sich hierbei ein Fehler im Netzwerk beim Zustellen der Seiten auf einem entfernten Knoten vor!

[39] und somit bei Speicherknappheit als erste zum Pager "ausgelagert" werden

Dieses asynchrone Verhalten funktioniert jedoch nur, weil die nachrichtenorientierte IPC in Mach zwei Eigenschaften besitzt: sie ist zuverlässig und die Nachrichten treffen geordnet beim Empfänger ein.

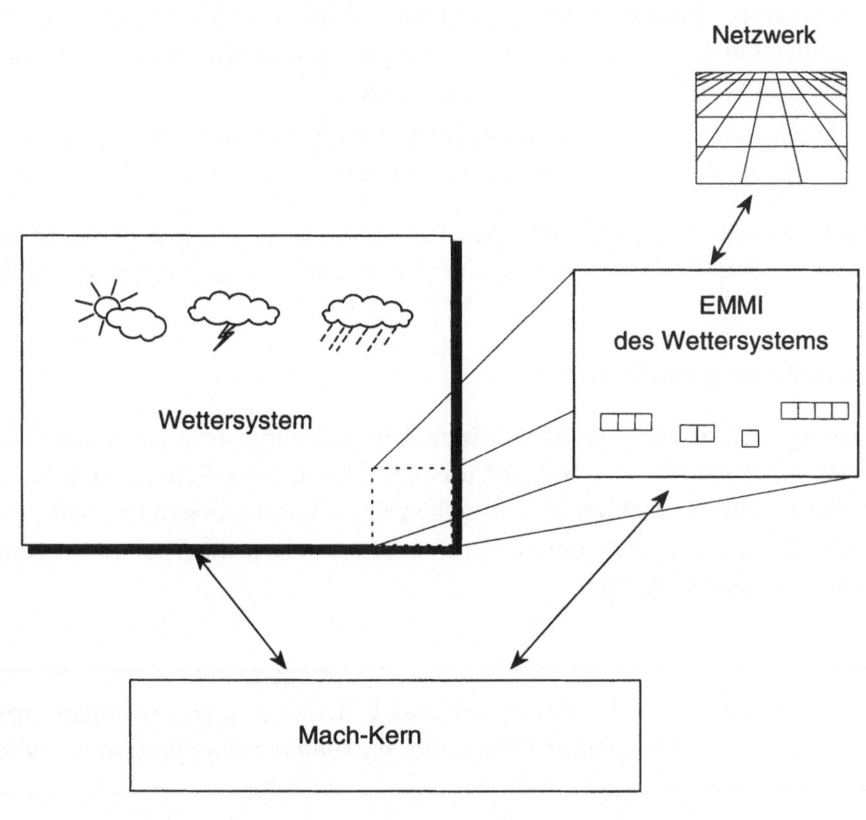

Abb. 8.1 Prinzipieller Aufbau des Wettersystems

8.2 Das Interface

Das Interface läßt sich grob in drei Gruppen unterteilen:

- das Mapping Interface: wie eine Applikation ein VM-Objekt mit einem Pager in ihrem Adreßraum verknüpft,
- das Object Interface: der Kern benutzt Routinen dieser Gruppe, um seinerseits Kontrolle über das VM-Objekt auszuüben (diese Routinen müssen vom Pager implementiert werden),
- das Cache Interface: der Manager beeinflußt über dieses Interface das Verhalten des Kerns bzgl. des VM-Objektes.

Im folgenden sollen nun die einzelnen Routinen der jeweiligen Gruppen näher dargestellt werden. Los geht's mit der einfachsten Gruppe: dem Mapping Interface.

8.2.1 Das Mapping Interface

Diese Gruppe umfaßt eine Routine, die in Tab. 8.2 dargestellt ist [Youn89]. Die Parameter *offset* und *size* beziehen sich im folgenden auf eine Seitengrenze und eine Größe, die einem ganzzahligem Vielfachen der zugrundeliegenden Seitengröße entspricht. Dieses gilt nicht nur für vm_map(), sondern auch für die restlichen Funktionen in diesem Kapitel.

vm_map (*task, adress, size, mask, location, memory object, offset, copy, current Protection, maximum Protection, inheritance*)

Tab. 8.2 Verknüpfung von VM-Objekten mit Pagern

Diese Funktion blendet ein VM-Objekt in den Adreßraum einer Task ein, das von einem Pager verwaltet wird. Interessant bei diesem Aufruf sind folgende Parameter:

- *location*: eine Task kann versuchen, ein VM-Objekt an einer beliebigen Stelle in ihren virtuellen Adreßraum einzufügen, oder sie kann genau vorgeben, an welcher Adresse das VM-Objekt sichtbar sein soll. Im ersten Fall bestimmt der Pager, an welche Adresse das VM-Objekt gebunden wird; im zweiten Fall übergibt die Task die Adresse im Parameter *location*.

- *copy*: wenn gewünscht, kann das VM-Objekt **vor** dem Aufruf noch kopiert werden. Andere Tasks, die das gleiche VM-Objekt in ihren Adreßraum eingebunden haben, sehen dann also bei der Modifikation des VM-Objektes keine Änderung.
- *memory object*: der Port des Pagers. Damit wählt die Task den Pager aus, der für die Verwaltung des VM-Objektes zuständig ist.
- *current Protection / maximum Protection*: damit kann das Schutzattribut der dem VM-Objekt zugehörigen Seiten festgelegt werden. Die beiden Werte sind die gleichen wie im vorigen Kapitel bei dem Aufruf von vm_protect beschrieben.
- *inheritance*: dieser Parameter bestimmt das Verhalten des VM-Objektes im Falle der Vererbung an einen Kind-Prozeß (s. voriges Kapitel).

Doch wie kommt nun eine Task an ein solches VM-Objekt? Ganz einfach: Ein Programm muß sich - bevor es vm_map ausführen kann - mit dem Pager, der dieses VM-Objekt verwaltet, in Verbindung setzen. Dieser teilt ihr den entsprechenden Memory Object Port mit, den sie im vm_map-Aufruf angibt. Mit "Pager" kann dabei natürlich auch der Kern-eigene Default Pager gemeint sein. Dieser dient dabei nur zur Bereitstellung von gelöschtem Speicher. Der Default Pager kann also über vm_allocate und vm_map angesprochen werden. In diesem Fall kann eine Task also Speicher, den sie mittels vm_allocate angefordert hat, noch einmal mit vm_map in ihren Adreßraum spiegeln (welchen praktischen Nutzen das auch immer haben mag). Ebenso können verschiedene Tasks das gleiche VM-Objekt in ihren Adreßraum eingebunden haben. Änderungen einer Task im VM-Objekt spiegeln sich dann in den Adreßräumen der anderen Tasks wider, sollten die Inhalte der VM-Objekte nicht explizit mittels des copy-Parameters kopiert worden sein.

Benötigt eine Task ein mittels vm_map gebundenes VM-Objekt nicht mehr, gibt sie es mit einem ganz normalen vm_deallocate-Aufruf wieder frei.

8.2.2 Das Object Interface

Das Object Interface dient dem Mach-Kern dazu, das Verhalten des Pagers, der dieses Objekt verwaltet, zu steuern. Der Pager muß also die folgenden Routinen bereitstellen, damit das VM-Objekt richtig vom Kern kontrolliert werden kann. Tab. 8.3 stellt die einzelnen Routinen dar [Youn89].

memory_object_init (*memory object, memory control, memory object name, page size*)
memory_object_terminate (*memory object, memory control, memory object name*)
memory_object_data_request (*memory object, memory control, offset, size, desired access*)
memory_object_data_write (*memory object, memory control, offset, data, size*)
memory_object_data_unlock (*memory object, memory control, offset, size, desired access*)
memory_object_data_lock_completed (*memory object, memory control, offset, size*)

Tab. 8.3 Aufrufe seitens des Kerns, die ein Pager implementieren muß

Bei der obigen Tabelle fällt auf, daß sowohl von m*emory object* als auch von *memory control* die Rede ist. Wenn am Anfang des Kapitels die Rede von dem Pager Port war, so ist dies **ein** Port des VM-Objekts. Über diesen werden - wie schon erläutert - die Seiten zwischen Pager und Kern transportiert; er wird auch Memory Object Port genannt, weil er sich auf den *Inhalt* des VM-Objektes bezieht. Daneben gibt es aber noch einen Memory Control Port (eben jenes *memory control*), über den der Pager Nachrichten an den Kern senden kann, um das Verhalten des Kerns bzgl. des VM-Objektes zu beeinflussen. Die wichtigsten anderen Parameter sollen im folgenden kurz erläutert werden:

- *memory object name*: ein Name, den der Kern benutzt, um das VM-Objekt systemweit zu identifizieren.

- *page size*: mit diesem Parameter deutet der Kern an, daß er evtl. eine andere Seitengröße als die normalerweise verwendete benutzt. Damit ist es also möglich, mehrere physikalische Seiten zu einer logischen zusammenzufassen. Der Pager muß dieses Mapping dann im weiteren berücksichtigen!
- *desired access*: damit teilt der Kern dem Pager die Zugriffsrechte mit, die das gewünschte VM-Objekt besitzen muß.

Die einzelnen Routinen werden nun im folgenden kurz erläutert.

- memory_object_init und memory_object_terminate dienen dazu, den Gebrauch eines VM-Objektes dem zugehörigen Manager - dem Pager - gegenüber anzukündigen und abzuschließen. Dabei ist die Tatsache zu berücksichtigen, daß - sollten mehrere Tasks ein VM-Objekt gleichzeitig in ihren Adreßraum einbinden - nur ein memory_object_init-Aufruf stattfindet - und zwar beim ersten vm_map. Entsprechend wird bei der letzten Task, die ein Objekt deallokiert, ein memory_object_terminate durchgeführt.
- memory_object_data_request teilt dem Pager mit, daß - wie der aufmerksame Leser sicherlich schon vermutet - der Kern Seiten des VM-Objektes benötigt. Der Kern kann dabei mehrere Seiten auf einmal anfordern (Parameter *size*), die Anfangsadresse dieser Seitenfolge gibt der Parameter *offset* relativ zur Anfangsadresse des VM-Objektes an. Sollte nun - wie eingangs beschrieben - der Kern auf einmal einen akuten Hauptspeichermangel feststellen, müssen die Seiten vom Hauptspeicher wieder zurück zum Pager gelangen.
- memory_object_data_write bewirkt das Zurückschreiben der Seiten, die seit der Anforderung mittels memory_object_data_request modifiziert wurden, vom Kern zum Pager. Zu beachten dabei ist, das keineswegs **alle** Seiten, die zu dem VM-Objekt gehören, sondern nur die "schmutzigen"[40] zum Pager zurückgelangen. Die anderen werden ohne Benachrichtigung aus dem Adreßraum der jeweiligen Tasks entfernt. Das hat zur Folge, daß ein Pager selbst darüber Buch führen

---

40 "schmutzig" (*dirty*) bedeutet, daß diese Seite modifiziert wurde, also schreibend auf sie zugegriffen wurde

muß, welche Seiten vom Kern zurückgeschrieben wurden, also modifiziert worden sind.

- memory_object_unlock und memory_object_lock_completed werden im folgenden Abschnitt zusammen mit den zugehörigen Pager-Aufrufen besprochen.

8.2.3 Das Cache Interface

Mit dem Aufruf der Routinen in Tab. 8.4 antwortet der Pager auf die Requests des Kerns, die im vorigen Abschnitt erläutert wurden. Es handelt sich hierbei um das Cache Interface, konsistent zur Sicht des physikalischen Hauptspeichers als Cache für den gesamten virtuellen Adreßraum [Youn89].

---

memory_object_data_provided (*memory control*, *offset*, *data*, *size*, *lock value*)
memory_object_lock_request (*memory control*, *offset*, *size*, *clean*, *flush*, *lock value*, *reply to*)
memory_object_data_error (*memory control*, *offset*, *size*, *error value*)
memory_object_set_attributes (*memory control*, *object ready*, *retain cache*, *copy strategy*)
memory_object_destroy (*memory control*, *reason*)

Tab. 8.4 Kontrollroutinen für VM-Objekte des Pagers

memory control ist dabei der oben besprochene Memory Control Port, der ein bestimmtes VM-Objekt dem Kern gegenüber identifiziert. Nachfolgend eine Besprechung der einzelnen Routinen zusammen mit den jeweiligen Parametern des Aufrufes.

- memory_object_data_provided: mit dem Aufruf dieser Routine wird auf ein memory_object_data_request seitens des Kerns geantwortet. Die Parameterkombination *offset* / *data* / *size* bezieht sich dabei auf die

Speicherfläche an der Adresse offset des VM-Objektes, der mit den Daten aus *data* mit *size* Bytes Länge aufgefüllt werden soll. *lock* gibt dabei ein Schutzattribut an, mit der der gelieferte Teil des VM-Objektes im Hauptspeicher versehen werden soll. Zu beachten ist dabei, daß es sich hierbei im Gegensatz zu vm_protect um die Zugriffsarten handelt, die verboten werden sollen. memory_object_ data_provided gestattet eine Optimierung: diese Routine kann ohne einen vorangegangenen memory_object_data_request aufgerufen werden; der Pager kann also quasi den Kern im voraus mit Daten für ein VM-Objekt beliefern.

- memory_object_lock_request: der Pager kann hiermit das VM-Objekt teilweise oder ganz im Hauptspeicher mit dem Schutzattribut *lock value* sperren. Wie bei memory_object_data_provided gibt das Schutzattribut die Zugriffsarten an, die verboten sein sollen. Daneben ist aber auch eine weitere Kontrolle über das VM-Objekt möglich. So geben die boole'schen Parameter *clean* und *flush* an, ob der Kern Daten zum Pager zurückschreiben (*clean*) oder die Daten invalidieren soll (*flush*). Der Parameter *reply to* kennzeichnet einen Notification Port, an den der Kern explizit ein memory_object_lock_completed Aufruf senden soll, wenn er das Sperren durchgeführt hat. Verlangt der Pager keine explizite Benachrichtigung, sollte hier PORT_NULL stehen. Auf der anderen Seite kann der Kern aber auch vom Pager verlangen, die Sperre für ein VM-Objekt oder Teile dessen mittels memory_object_data_unlock aufzuheben, also auf das gewünschte Schutzattribut zurückzusetzen.
- memory_object_data_error: mit dieser Routine zeigt der Pager an, daß er momentan nicht in der Lage ist, die gewünschten Daten zu liefern. Der Parameter *error value* kann dabei unter anderem für einen Hardware-Fehler stehen.
- memory_object_set_attributes: mit diesem Aufruf kann der Pager den Zustand des VM-Objektes im Hauptspeicher beeinflussen. An diesem Aufruf manifestiert sich die nicht ganz hundertprozentige Orthonagalität des EMMI. Die Funktionalität hätte man ebenso in den Aufruf memory_object_lock_request integrieren können. Die Parameter be-

deuten im einzelnen: object ready ist ein boole'scher Wert für den Pager-internen Zustand des VM-Objektes. Wird hierbei true angegeben, kann der Kernel erneut memory_object_data_request und memory_object_unlock signalisieren. Der boole'sche Parameter retain cache sagt etwas über das zukünftige Zugriffsverhalten auf das VM-Objekt aus. Steht hier ein true, so soll der Kern - auch nachdem die letzte Task das betreffende VM-Objekt freigegeben hat - das VM-Objekt weiterhin im Speicher behalten (also cached). Dies ist beispielsweise der Fall, wenn der Pager laufend Memory Object Ports dieses VM-Objekts an Applikationen schickt, es also sich nicht lohnt, das Objekt erst aus allen kern-internen Tabellen zu löschen, um es kurz danach wieder allokieren zu müssen. Der Parameter copy erlaubt verschiedene Optimierungsmöglichkeiten beim Kopieren vom VM-Objekten.

- memory_object_destroy: diese Routine veranlaßt den Kern, sämtliche Referenzen auf das VM-Objekt zu löschen und den Zugriff darauf zu verbieten. Der Kern antwortet mit einem memory_object_terminate auf den Aufruf dieser Routine. Der Parameter reason gibt hierbei einen möglichen Fehlergrund an, warum das VM-Objekt nicht länger verfügbar ist.

8.2.4 Das Protokoll zwischen Kern, Klient und Pager

Nachdem nun eingehend das Protokoll beschrieben wurde, soll im folgenden zur Verdeutlichung des Ganzen der Ablauf am Beispiel eines Memory Mapped File-Servers beschrieben werden [Teva87b]. Ein Memory Mapped File-Server gestattet es einer Anwendung, eine Datei mit einem bestimmten Teil ihres virtuellen Adreßraums zu verknüpfen. Das hat den Vorteil, daß Änderungen an Datenstrukturen im Speicher nicht mehr explizit in die Datei zurückgeschrieben werden müssen, sondern quasi nach der Änderung im Speicher schon auf dem Sekundärmedium, auf dem die Datei gespeichert ist, sichtbar sind. Ebenso entfällt die Transformation von komplexen, hierarchischen Datenstrukturen im Hauptspeicher in eine flache Organisation in der zugehörigen Datei (respektlos auch als "Flachklopfen" bezeichnet).

Wie sieht nun das zugehörige Protokoll zwischen der Anwendung, die die Datei bearbeiten will, dem Kern und dem File-Server aus, der diesen Dienst anbietet?

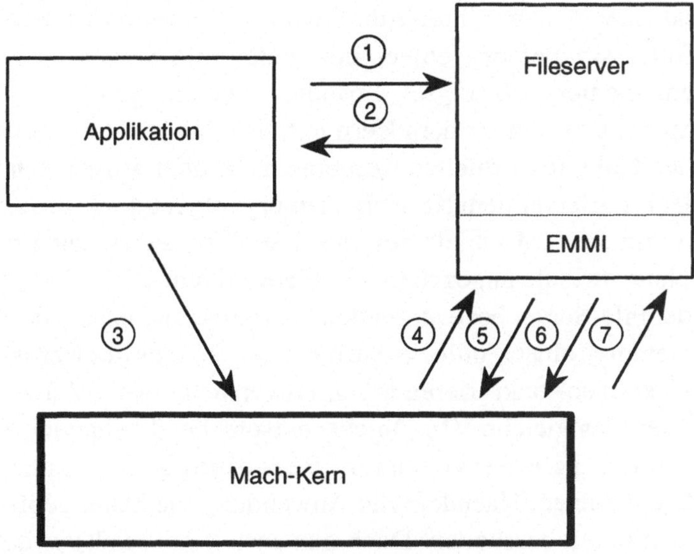

1 Anwendung (der Klient des File-Servers) sendet Request (vgl. open()) an File-Server
2 File-Server antwortet mit dem Memory Object Port des VM-Objektes

3 Applikation ruft vm_map mit diesem Port auf
4 Kern sendet memory_object_init an File-Server
5 File-Server antwortet mit *object ready* in memory_object_set_attributes-Botschaft
6 File-Server sendet memory_object_lock_request mit Schreibverbot auf VM-Objekt
7 Kern antwortet mit memory_object_lock_completed

Abb. 8.5 Initialer Dialog beim Öffnen der Datei

Abb. 8.5 kennzeichnet die erste Phase: die Applikation wendet sich via IPC an den File-Server mit der Bitte um eine bestimmte Datei[41]. Der Server lokalisiert diese Datei auf seinen Festplatten und legt ein entsprechendes VM-Objekt an, das den Inhalt der Datei enthält. Der File-Server sendet den Memory Object Port, der das VM-Objekt im Server repräsentiert, an die Applikation zurück. Diese bindet dann das VM-Objekt via vm_map in ihren Adreßraum ein. Der Kern sendet aufgrund des vm_map-Aufrufes ein memory_object_init an den File-Server. Dieser antwortet ihm mit einem memory_object_set_attributes, der ein gesetztes *object ready* enthält. Hiermit teilt der Server dem Kern mit, daß das VM-Objekt bereit ist und von Klienten als Teil ihres virtuellen Adreßraums benutzt werden kann. Anschließend sendet der File-Server dem Kern ein memory_object_lock, dessen *lock value* auf R/W steht (um das VM-Objekt auf "nur lesen" zu setzen, zur Erinnerung: es werden die Schutzattribute angegeben, die **nicht** erlaubt sein sollen). Damit wird erreicht, daß der File-Server bei eventuellen Schreibversuchen auf das VM-Objekt mittels einer memory_object_unlock-Aufforderung seitens des Kerns benachrichtigt wird. Damit können konkurrierende Schreibversuche zweier Anwendungen auf die gleiche Datei (das gleiche VM-Objekt) entsprechend behandelt werden. Der Kern sendet dem File-Server nach Beendigung des Lock-Vorgangs memory_lock_completed. Nachdem die Anwendung die Datei geöffnet hat, will sie nun auch den Inhalt bearbeiten. Doch nun anstatt mit read()/write()-Aufrufen explizit Daten anzufordern, greift sie einfach lesend auf das VM-Objekt zu. Da der Kern bis jetzt noch keine Daten für das VM-Objekt vom File-Server bekommen hat, ist die Liste der residenten Seiten für dieses VM-Objekt noch leer. Es kommt daher zu einem Adreßfehler, da keine entsprechenden Seiten vorhanden sind.

---

41 in Unix als "open()" bekannt

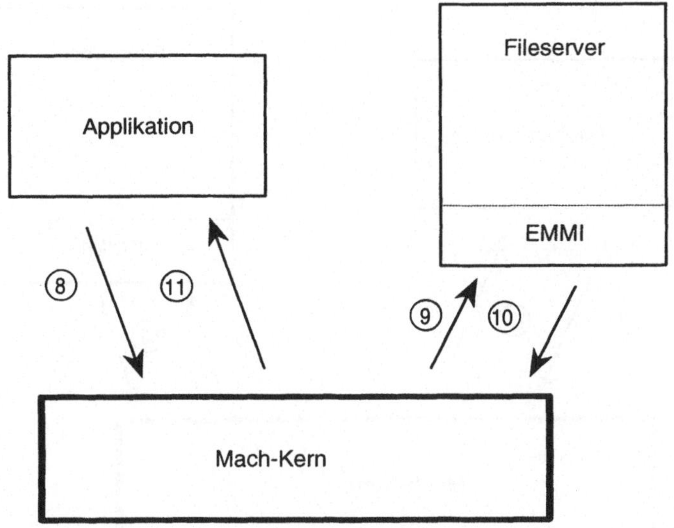

8 lesender Zugriff auf das VM-Objekt der Applikation (Auslösen eines Adreßfehlers)
9 Kern signalisiert einen memory_object_data_request
10 File-Server antwortet mit memory_object_data_provided
11 Fortsetzen der Applikation nach Adreßfehler

Abb. 8.6 Protokoll bei einem lesenden Zugriff auf das VM-Objekt

Der Kern reagiert darauf mit einem memory_object_data_request an den Server, um Seiten des VM-Objektes zu bekommen (s. Abb. 8.6). Der Server antwortet dem Kern daraufhin mit einem memory_object_data_provided, der die Daten des zugehörigen VM-Objektes enthält. Der Kern legt nun die entsprechenden Seiten der Anwendung an und löst den Adreßfehler auf; die Anwendung kann fortfahren. Im Laufe der Programmabarbeitung schreibt die Applikation Werte in die Datei, greift also damit schreibend auf das VM-Objekt zu.

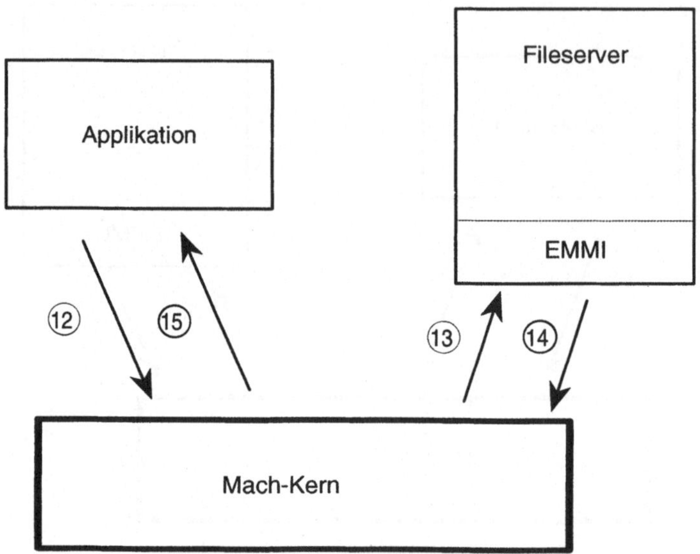

12 Applikation greift schreibend auf das VM-Objekt zu (Schutzverletzung)
13 memory_object_data_unlock an den File-Server
14 Aufhebung des Schreibschutzes durch memory_object_lock_request
15 Fortsetzen der Applikation nach Schutzverletzung

Abb. 8.7 Protokoll bei einem schreibenden Zugriff das VM-Objekt

Da die Speicherseiten des VM-Objektes schreibgeschützt sind, kommt es zu einer Schutzverletzung, die vom Kern abgefangen wird (s. Abb. 8.7). Der Kern sendet daraufhin die Aufforderung an den File-Server, Schreibrechte auf die entsprechenden Seiten des VM-Objektes zu gewähren (memory_object_data_unlock). Der File-Server antwortet dem Kern mit einem memory_object_lock_request, der Parameter für generelle Lese- und Schreibrechte auf das VM-Objekt für die Anwendung enthält. Nachdem der Kern die Seiten mit den neuen Attributen versehen hat, kann die Applikation fortfahren.

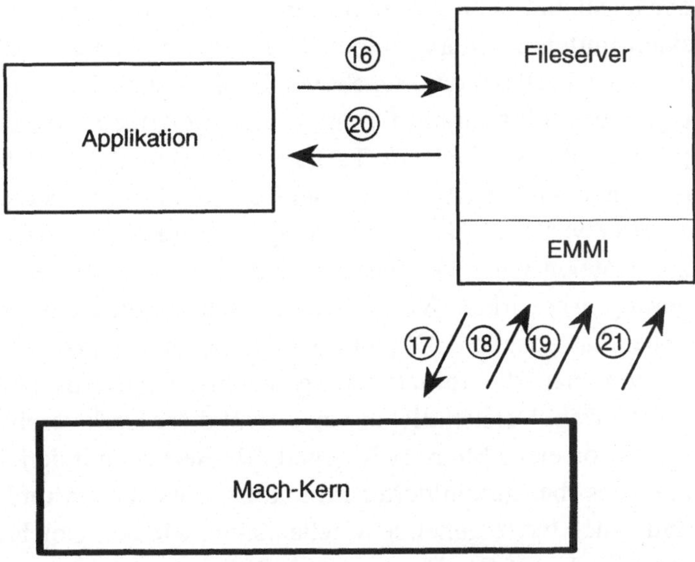

16 Schließen der Datei durch die Anwendung (close()-Botschaft an den File-Server)
17 Aufforderung zum Zurückschreiben der Werte (memory_object_lock_request)
18 Bestätigung memory_object_lock_completed durch den Kern
19 Zurückschreiben der modifizierten Seiten an den File-Server (memory_object_data_write)
20 Bestätigung der close()-Botschaft durch den Server
21 Das VM-Objekt wird aufgelöst: memory_object_terminate durch den Kern

Abb. 8.8 Schließen der Datei und Unmapping des VM-Objektes

Abb. 8.8 zeigt das Ende des Protokollverlaufs. Bevor die Anwendung endet, sendet sie noch eine close()-Botschaft an den File-Server, um ihm mitzuteilen, daß sie keinen Zugriff mehr auf die Datei (bzw. das VM-Objekt) benötigt. Sollte die Anwendung die letzte sein, die auf diese Datei zugreift, sendet der File-Server nach dem Erhalt der Botschaft ein memory_object_lock_request an den Kern, mit dem gesetzten Parameter should clean. Damit fordert er den Kern auf, modifizierte Teile des VM-Objekten mittels memory_object_data_write zu senden. Nachdem der Kern dies gemacht hat, bestätigt der File-Server das Schließen der Datei gegenüber der Anwendung. Diese führt darauf ein vm_deallocate-Aufruf aus, um das VM-Objekt freizugeben. Sollte sie die letzte Task gewesen sein, die das VM-Objekt in ihren Adreßraum eingebunden hatte, sendet der Kern memory_object_terminate an den File-Server. Hier wird auch eine Anwendung des Parameters retain cache klar: für oft benötigte Dateien wird der File-Server dieses Attribute setzen, um eine Leistungssteigerung zu bewirken. Weil der Kern - nachdem die letzte Task das VM-Objekt freigegeben hat - das VM-Objekt noch gebunden (mapped) hält, fällt bei einem erneuten vm_map die Initialisierung seitens des Kerns (Anlegen von Seitentabellen, etc.) weg. Verständlicherweise dient diese stark vereinfachte Darstellung der Interaktion eines Memory Mapped File-Servers mit dem Mach-Kern nur der Illustration des oben geschilderten Protokolls. Ein wirklich implementierter File-Server würde auch weitergehende Mechanismen wie den gleichzeitigen Zugriff von mehreren Tasks auf eine Datei oder ein Netzwerkdateisystem behandeln.

8.3 Wozu das alles - Beispiele für externe Pager

Man kann sich jetzt natürlich fragen: warum der ganze Aufwand? Reicht nicht auch ein normaler Pager, der im Kern integriert ist?[42] Die Motivation ist klar: Mach ist (in der Version 3.0) ein Microkernel und als solcher bemüht, vom Design her möglichst viele Aufgaben in User-Level Tasks unterzubringen. Und genau da setzt ja die externe Pager-Schnittstelle an. Drei Beispiele für die Verwendung von externen Pagern im folgenden sollen dies verdeutlichen. Ein wichtiges Beispiel ist der schon weiter oben bei der Diskussion des EMMI-Protokolls geschilderte Memory Mapped File-Server. Er erlaubt es, ohne großen Aufwand - wenn man vom expliziten Öffnen und Schließen der Datei sowie die Verknüpfung mit einem VM-Objekt absieht - eine transparente Persistenz von Hauptspeicherdatenstrukturen zu realisieren. Gerade in komplexen Systemen wie objekt-orientierten Umgebun-

[42] wie es beispielsweise bei Unix der Fall ist

gen ist dies von großer Bedeutung, da dort sehr oft große, verzeigerte Hierarchien existieren, deren Transformierung in "flache" Byteströme und wieder zurück (beim Laden der Objekte) unter Umständen erheblich Zeit kostet.

Eine weitere Anwendung ist netzweiter, verteilter Speicher [Youn87]. Hierunter versteht man - vereinfacht ausgedrückt - einen virtuellen, netzweiten Adreßraum, auf dem alle Knoten im Netz operieren[43]. Ein Problem hierbei ist unter anderem die Konsistenz von einzelnen Speicherseiten. Man stelle sich vor, ein Programm auf einem Knoten beschreibt eine Seite, die ebenfalls auf einigen anderen Knoten vorhanden ist. Nun muß man dafür sorgen, das diese anderen Knoten keine veralteten Daten "sehen". Die Implementierung dieser oft komplexen Konsistenzalgorithmen geschieht dabei in externen Pagern. So wird ein VM-Objekt global im Netz verfügbar, ohne daß sich ein Klient weiter darum kümmern muß. Für ihn ist ein Zugriff auf eine im Netz vorhandene, aber auf einem anderen Rechner lokalisierte Speicherseite eines VM-Objektes aufgrund der Transparenz wie der Zugriff auf eine lokale Seite, er dauert jedoch aufgrund der Transferzeit der Seite über das Netzwerk ein wenig länger.

Als letztes Beispiel für die Verwendung von externen Pagern sollen hier Memory Mapped Devices bzw. deren Treiber stehen. Hierunter versteht man zum Beispiel Videocontroller, die ein gesondertes Display Memory besitzen. Schreibt ein Programm den dezimalen Wert 65 in eine bestimmte Zelle dieses Videospeichers, so erscheint - bei ASCII-konformer Kodierung der Zeichen - ein 'A' auf dem Bildschirm. Externe Pager können nun dazu dienen, das Verhalten von mehreren Programmen, die gleichzeitig auf den Bildschirmspeicher zugreifen, zu koordinieren. Man stelle sich folgende Situation vor: fünf Tasks greifen parallel auf den Bildschirmspeicher zu. Es entsteht ein heilloses Chaos, weil Task #1 einen Fensterrahmen malt, während Task #2 an der selben Stelle Text ausgibt, weil sie von der Existenz der Task #1 nichts weiß. Ein externer Pager würde daher jeder Task die Illusion eines exklusiven Bildschirmspeichers in Form eines privaten VM-Objektes geben. Durch geeignetes Update des wirklichen Bildschirmspeichers ist dann ein gewünschtes Verhalten möglich. Sehr gut kann diese Technik bei Emulation von Programmen, die beispielsweise für MS-DOS geschrieben wurden, eingesetzt werden. Hier ist das soeben geschilderte Verhalten von Programmen -

[43] natürlich hat jeder Knoten weiteren, lokalen Speicher

jedes Programm denkt, es würde den Bildschirmspeicher alleine kontrollieren - gang und gäbe. Ein externer Pager (als Bestandteil einer MS-DOS-Emulation unter Mach) würde dann ein VM-Objekt an der Adresse des Bildschirmspeichers zur Verfügung stellen, um dann die Ausgabe auf einen gemeinsam von allen Tasks benutzten, "virtuellen" Bildschirm zu managen (beispielsweise ein Fenster pro Task, der Fensterinhalt spiegelt dann den der Task zugeordneten, logischen Bildschirmspeicher wider).

9 Ein Anwendungsbeispiel - der ObjectServer

Im diesem Kapitel soll als Illustration für das Zusammenwirken aller bisher vorgestellten Komponenten eine Anwendung vorgestellt werden: der ObjectServer. Nach der einleitenden Motivation wird der Aufbau und die Funktion des ObjectServers dargestellt, abschließend wird die Anbindung an bereits existierende Software anhand eines Smalltalk-Systems beschrieben.

9.1 Motivation

Objektorientierte Systeme erfordern eine effiziente Speicherverwaltung des Betriebssystems, da meist kleine Speicherflächen für kurze Zeit zur Verfügung gestellt werden müssen. In herkömmlichen Systemen wird dies meist nicht vom Betriebssystem erfüllt. Objektorientierte Systeme oder objektorientierte Programmiersprachen wie etwa Smalltalk realisieren das Speichermanagement daher meist selbst in Form einer eigenen Speicherverwaltung, die für die Allokation und Deallokation von Speicherflächen zuständig ist und auf der vom System zur Verfügung gestellten Freispeicherverwaltung aufsetzt. Ein besonderes Merkmal typischer objektorientierter Systeme ist zum einen die Dynamik, mit der Speicherflächen temporär angefordert und kurz danach wieder freigegeben werden; ferner sind die einzelnen Speicherflächen meist sehr klein[44]. Eine Standard-Freispeicherverwaltung, wie sie beispielsweise Unix bzw. die Laufzeitbibliothek in Form von malloc() / free() zur Verfügung stellt, ist für diesen Zweck ungeeignet, da sie für die Verwaltung kleiner Speicherflächen zu viel Zeit in Anspruch nimmt[45].

---

44 ca. 300 Bytes im Durchschnitt (wie in [Kais88])

45 nicht umsonst gibt es eine eigene Bibliothek libmalloc.a, die eine optimierte Freispeicherverwaltung implementieren soll, aber von der endgültigen Lösung auch noch entfernt zu sein scheint

Ein Ausweg ist daher die Bereitstellung eines eigenen Servers, der ausschließlich für die Verwaltung von kleinen Objekten zuständig ist. Dieser wird im folgenden beschrieben. Wenn im weiteren Text von Objekten die Rede ist, so sind kleine Speicherflächen (Segmente) gemeint, die deutlich kleiner als einzelne Speicherseiten (aus Prozessorsicht) sind und keine weitere Semantik besitzen.

9.2 Der ObjectServer

In diesem Abschnitt soll der Aufbau und die Funktion des ObjectServers dargestellt werden. Zunächst wird der grundsätzliche Aufbau beschrieben, um danach anhand der Interaktion von Klient, Server und Betriebssystem die Funktionsweise des ObjectServers darzustellen.

9.2.1 Aufbau des ObjectServers

Der ObjectServer besteht primär aus zwei Teilen: einem externen Pager, der für die Verwaltung von Speicherseiten mit dem Mach-Kern kommuniziert, sowie dem eigentlichen Servermodul, das die Verwaltung der einzelnen Objekte übernimmt. Wie werden nun Objekte verwaltet, die deutlich kleiner als eine Speicherseite sind? Ganz einfach: man gruppiert mehrere Objekte auf eine Seite. Diese Seite ist dann Teil des virtuellen Adreßraums der Task und wird von dem externen Pager-Teil des Servers verwaltet. Somit ist ein grundsätzlicher Schutz der Objekte voreinander durch eine Separierung des Adreßraums gegeben. Neben diesen privaten Objekten im sog. *private pool* gibt es ferner noch globale Objekte, die jeder Task zugänglich sind. Diese befinden sich in einem *public pool*, den jede Task in ihren Adreßraum binden kann. Hier sollten jedoch nur Objekte angelegt werden, die keine vertraulichen Daten enthalten, da auf diesen Speicherbereich jede Task des Systems zugreifen kann. Man erhält den in Abb. 9.1 dargestellten Aufbau. Wie sehen nun die einzelnen Schnittstellen zwischen Server, Klient und Mach-Kern aus? Aufgrund der Gruppierung von Objekten auf Speicherseiten ist die Schnittstelle zum Kern seitenorientiert; hier kommt ein externer Pager als Bestandteil des Servers zum Einsatz. Diese Architektur hat den Vorteil, daß für die Realisierung nicht der Betriebssystemkern erweitert werden muß, wie dies bei anderen Systemen der Fall ist. Ferner hat die seitenorientierte Sichtweise den Vorteil, daß hiermit Anbindungen an andere Funktionalitäten wie Verteiltheit oder Persistenz der Objekte einfach zu implementieren sind. Wie sieht nun die Arbeitsweise des ObjectServers aus? Dieses stellt man am besten anhand des Protokoll-Verlaufes dar, der im folgenden Abschnitt erläutert wird.

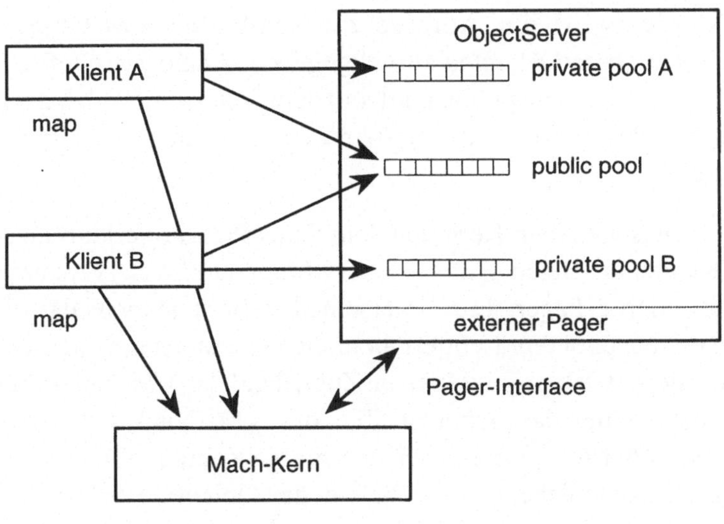

Abb. 9.1 Aufbau des ObjectServers

9.2.2 Funktionsweise des ObjectServers

Will eine Task ein Objekt anlegen, so schickt sie zunächst eine Aufforderung in Form einer Botschaft an den ObjectServer, der neben anderen Werten die Größe des gewünschten Objektes sowie ein Identifikationsmerkmal der Task gegenüber dem Server enthält. Anhand dieser Identifikation kann der Server feststellen, ob bereits ein private pool für diese Task existiert oder nicht. Im letzteren Falle muß dieser zunächst angelegt werden. Dabei kann die Größe des Pools durchaus großzügig bemessen sein, da mittels vm_allocate angeforderter Speicher erst bei der ersten

Referenzierung tatsächlich angelegt wird (Map on Reference). Der ObjectServer gibt dann in der Antwortbotschaft den im vorigen Kapitel besprochenen Memory Object Port zurück. Anhand dieses Ports kann die Applikation nun das VM-Objekt mittels vm_map in ihren Adreßraum einbinden. Sollte der private pool schon bestehen, sucht der Server anhand der Größeninformation eine geeignete Speicherfläche im private pool der Task. Hier können verschiedene Mechanismen zur Verwaltung von Freispeichern wie das Buddy-Verfahren oder verkettete Listen (linked lists) benutzt werden [Tane87]. Nachdem eine passende Speicherfläche gefunden wurde, wird die Adresse innerhalb des VM-Objekts via der Antwortnachricht an den Klienten zurückgegeben. Analog verläuft die Anforderung eines Objektes aus dem public pool, mit dem Unterschied, daß der public pool schon beim Start des Servers angelegt wird, damit darin sofort Objekte allokiert werden können.

Das Protokoll zwischen dem Kern und dem ObjectServer verläuft analog zu dem im vorigen Kapitel am Beispiel des Memory Mapped File-Servers beschriebenen Protokoll für externe Pager. Ein Unterschied besteht jedoch: das VM-Objekt, welches den private pool repräsentiert, braucht nicht zuerst auf "nur lesen" gesetzt zu werden, da die Anwendung exklusiven Zugriff auf das VM-Objekt besitzt. Beim Anlegen werden daher das Schutzattribut des VM-Objekts direkt auf lesen / schreiben (read / write) gesetzt. Bei der Freigabe eines Objektes schickt die Anwendung eine entsprechende Botschaft an den ObjectServer, der daraufhin das Objekt mittels der Freispeicherverwaltung aus dem private pool entfernt. Ist das letzte Objekt aus dem private pool entfernt, könnte dieser theoretisch ebenfalls freigegeben werden, dies wird aber erst bei der Terminierung der Task durchgeführt, da während der Laufzeit der Task jederzeit neue Objekte angefordert werden können (dann müßte der private pool wieder angelegt werden). Der public pool wird dagegen nie freigegeben; es können nur Objekte aus ihm gelöscht werden.

Wie sieht nun die Anbindung auf der Klientenseite an die Applikation aus? Längerfristig wird man sicherlich ein eigenes API mit entsprechenden RPCs definieren, die dann auch Features wie eine gegenseitige Authentifizierung beider Parteien ermöglicht. In der initialen Phase steht das API jedoch vielleicht noch nicht oder nur rudimentär zur Verfügung. Trotzdem möchte man schon mit dem ObjectServer arbeiten, um vielleicht seine Leistung gegenüber anderen Verwaltungsmodellen zu messen. Ferner kann man nicht davon ausgehen, daß

Software in Zukunft nur die ObjectServer-API benutzt. Desweiteren ist vielleicht schon vorhandene Software im Einsatz, die nur die Standardroutinen malloc() und free()[46] der libc.a benutzt. Die Vorgehensweise in solchen Fällen sei am Beispiel des Little Smalltalk Systems [Budd87] erläutert. Dieses Smalltalk-System hat den Vorteil, im Sourcecode als Public-Domain-Version vorzuliegen, so daß die Arbeitsweise der Speicherverwaltung einsehbar ist.

In der Sourcecode-Distribution ist die Speicherverwaltung in einer Datei namens memory.c zu finden. Die Objektallokationsroutine benutzt zum Anlegen eines Objektes (und somit der entsprechenden Speicherfläche) nur die Bibliotheksfunktion calloc(). Eine mögliche Lösung für das oben beschriebene Problem ist nun die Modifikation der Routinen malloc(), calloc() und free() der Bibliothek libc.a. Das hat ferner den Vorteil, daß man an der eigentlichen Speicherverwaltung des Smalltalk-Systems nichts ändern muß. Auf der anderen Seite erkauft man sich mit diesem Lösungsansatz Durchsatzeinbußen, die bei einer direkten Modifikation des Moduls memory.c nicht auftreten würden. Für die einfachere Handhabung der IPC wird zuerst ein Interface aus Routinen (RPCs) mittels MIG definiert, die dann im folgenden in eine Zwischenschicht sowohl auf der Klienten- als auch auf der Server-Seite eingebettet werden (Abb. 9.2). Danach wird die Funktionalität der Emulationsroutinen an den Funktionsumfang der zu emulierenden Routinen angepaßt. Für eine korrekte Emulation der Routine calloc() ruft man dann den Stub für malloc() auf und füllt das erhaltene Objekt mit Nullen; free() dagegen muß den ObjectServer mittels RPC zur Freigabe und Löschung des Objektes auffordern. Die neu zu schreibenden Routinen müssen sich jedoch auch mit den Internas des ObjectServers auseinandersetzen.

Bei der obigen Besprechung der Funktionsweise war von der Adresse des kleinen Objektes die Rede. Bei der genaueren Durchdringung der Problematik wird der Leser feststellen, daß es günstiger ist, jeweils nur den Offset der Adresse des kleinen Objektes im VM-Objekt, das den private pool darstellt, zurückzuliefern. Die Startadresse des VM-Objektes, das den private pool repräsentiert, erhält dann der Klient bzw. die Emulationsroutine beim ersten Aufruf des ObjectServers, also wenn der ObjectServer den private pool anlegt. Ebenso wird auch nur einmal

46 Anmerkung für Leser, die keine Unix- oder C-Experten sind: mit malloc() wird Speicher allokiert und mit free() wieder freigegeben. calloc() stellt *gelöschten* Speicher zur Verfügung.

vm_map aufgerufen (nämlich ebenfalls beim ersten Aufruf des ObjectServers), um den Pool (und damit die zukünftigen kleinen Objekte) in den Adreßraum einzublenden. Würde immer die absolute Adresse des neu angelegten, kleinen Objektes zurückgeliefert, würde ein anschließendes vm_map nicht den gewünschten Erfolg erzielen, da das VM-Objekt ja bereits im Adreßraum sichtbar ist. Ebenso wird bei einem free() das VM-Objekt nicht mittels vm_deallocate freigegeben.

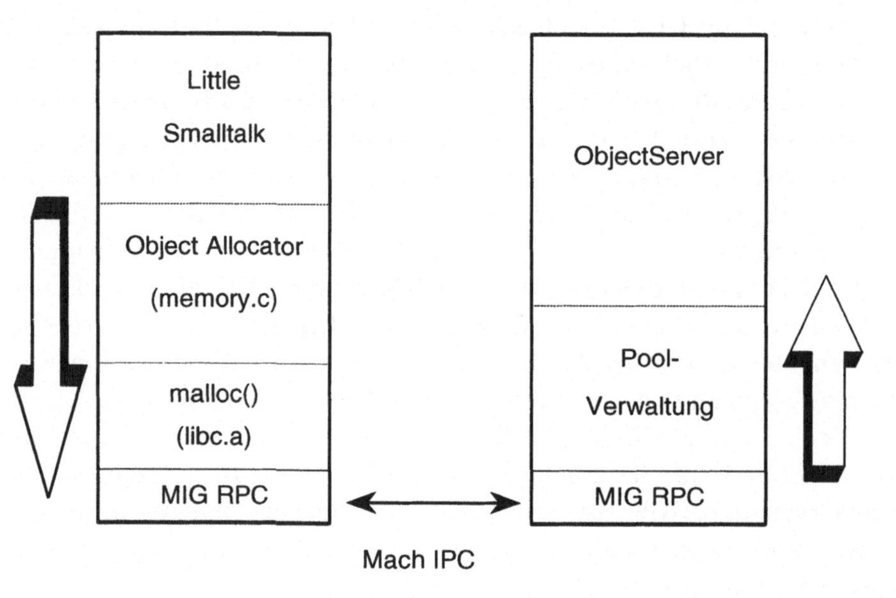

Abb. 9.2 Aufbau der Emulation

Die Emulation von malloc() und free() ist sicherlich die am meisten transparente Lösung, wenn auch auf Kosten der Performance. Die Leistung des ObjectServers kann man jedoch durch die Implementierung als multithreaded Server erhöhen. Dabei wird jeder Task, die Objekte anfordert, beim ersten Aufruf ein neu geschaffener Thread innerhalb des Server-Adreßraums zugeordnet. Dieser Thread ist dann ausschließlich für Requests dieser Task zuständig, sofern die Task keine Objekte anfordert, verbraucht der Server-Thread keine Rechenzeit, da er in einem msg_receive-Aufruf passiv auf eine Nachricht "seiner" Task wartet. Bei diesem Lösungsansatz muß verständlicherweise der Zugriff auf die Verwaltungsinformationen für den public pool zwischen den einzelnen Threads synchronisiert werden. Ebenso ändert sich die Portadresse nach dem ersten Aufruf, da der erste Request an einen systemweit bekannten Port gelangen muß. Danach legt der neu geschaffene Thread des ObjectServers einen neuen Port an, der nur für die eine Task zuständig ist und schickt diesen mit dem Reply an die Task zurück. Hier wird auch der Vorteil der Emulationsschicht deutlich: diese ganzen Details können vor dem Rest der Anwendung verborgen bleiben. Ein letztes Problem gilt es noch zu lösen: Server-Thread und private pool müssen bei der Beendigung der Task gelöscht (freigegeben) werden. Es bieten sich zwei Möglichkeiten an: entweder man modifiziert direkt die exit()-Funktion der libc.a[47] oder man verwendet einen ANSI-konformen C-Compiler inkl. passender Laufzeitbibliothek, der Funktionen wie atexit()[48] kennt [Schi87]. Bei beiden Formen wird dem zuständigen Thread im ObjectServer die Beendigung der Task mittels einer geeigneten Botschaft mitgeteilt, der daraufhin den private pool löscht und dann terminiert.

Sicher ist das Konzept des ObjectServers noch an einige Stellen verbesserungsfähig. So ist als Beispiel die Granularität des Sharings nur auf einen public pool beschränkt; ebenso wird der Schutz von Trusted Objects[49] voreinander nicht realisiert. Dies ist auch nicht das Ziel der Darstellung dieses Prototyps. Im Vordergrund steht hierbei vielmehr die Illustration der in den vergangenen Kapiteln erläuterten Konzepte und APIs.

---

47 die unsauberere Methode

48 bei manchen Compilern auch onexit(): eine Routine, mit der man Funktionen registrieren lassen kann, die bei Programmende automatisch aufgerufen werden

49 also Objekten im gleichen private pool

10 Ausblick: Mach 3.0

In diesem Kapitel soll ein Ausblick auf die Neuerungen gegeben werden, die Mach 3.0 gegenüber Mach 2.5 bietet. Im folgenden wird zum einen auf die µ-Kern-Architektur von Mach 3.0 eingegangen, um danach zum anderen die wesentlichen Unterschiede für den Programmierer darzustellen.

10.1 Mach 3.0 als µ-Kern

Mach 2.5 (bzw. das darauf basierende OSF/1) ist wie Unix System VR4 oder 4.3BSD ein typisches Beispiel für einen monolithischen Kern; alle wesentlichen Funktionen wie Message-Handling, File-Management, Prozeß-Verwaltung, etc. sind im Kern selbst untergebracht. Dies hat den Nachteil, daß der Kern des Betriebssystems immer größer wird. Ein typischer Unix-Kern (System VR3.2), wie er beispielsweise auf i386-basierten PCs zum Einsatz kommt, umfaßt heutzutage mindestens 1 MB. Dieser Teil des Hauptspeicher ist dann natürlich für Anwendungen verloren, da der Kern auch nicht pageable ist[50].

Moderne grafische Benutzeroberflächen wie das X-Window System in Verbindung mit Erweiterungen OSF/Motif oder OpenLook stellen hohe Anforderungen an den Hauptspeicher und die CPU-Leistung eines Computers. Da diese grafischen Benutzerschnittstellen (graphical user interface, GUI) jedoch keinen Selbstzweck darstellen, ist ferner die Software zu berücksichtigen, die unter diesen Oberflächen läuft. So kommt man bei der Verwendung von X-Windows und OSF/Motif sowie einigen Applikationen ohne Probleme auf mindestens acht MB Hauptspeicherbedarf[51], will man auf seinem System noch mit vernünftigen Antwortzeiten arbeiten. Ein weiterer Nachteil ist der große Funktionsumfang, den ein typischer

---

50 obwohl die Tendenz zu pageable Kernen geht: neuere Versionen wie System VR4 können einige Teile des Kerns bei Bedarf auf die Platte auslagern

51 natürlich spielt auch die verwendete CPU eine Rolle

Unix-Kern heutzutage aufweist. Anwendungsprogramme wollen vielleicht nur einen Teil dieses Funktionsumfangs nutzen, im Kern ist aber alles enthalten und belegt Hauptspeicher. Ein Beispiel soll das verdeutlichen: ein Prozeßdatensystem hat die Aufgabe, in bestimmten Intervallen Maschinendaten zu akquirieren und an einen Zentralrechner zur weiteren Bearbeitung zu senden. Das Datenvolumen ist nicht besonders groß, so daß es bequem im Hauptspeicher gehalten werden kann. Da aber mehrere Maschinen "bedient" werden müssen, ist multitasking zwingend erforderlich. Typischerweise wird man auf dem Prozeßdatenrechner ein Unix-System herkömmlicher Bauart mit einer entsprechend programmierten Anwendung einsetzen, um die Daten einzusammeln und an den Host weiterzuleiten. In dieser Konfiguration sind Teile des Kernels wie Dateiverwaltung für Benutzerdateien überflüssig, blockieren aber Hauptspeicher, der für die temporäre Speicherung der eigentlichen Prozeßdaten genutzt werden könnte. Ein rudimentäres Dateihandling mit geringem Platzbedarf für Systemdateien würde in diesem Fall völlig ausreichen.

Aufgrund dieses Dilemmas entschloß man sich in den achtziger Jahren zur Entwicklung sog. micro-Kernel-Architekturen. µ-Kernel deswegen, weil auf einem rudimentären Betriebssystemkern sämtliche weitere Funktionalität in Servern untergebracht ist. Dieser µ-Kern belegt typischerweise ca. 300 - 500 kB und umfaßt meist nur Prozeßverwaltung, VM-Management und eine Form der Interprozeßkommunikation wie Message-Passing. Beispiele für diese µ-Kern-Architekturen sind Chorus [Rozi87], BirliX [Zimm91] und Mach 3.0. Auf diesen Minimal-Kernen aufbauend laufen dann Server, die die einzelnen Schnittstellen emulieren. So gibt es für BirliX einen BSD-Server, der eine 4.3BSD-Schnittstelle zur Verfügung stellt. Dieser Server ermöglicht es dann, daß Software, die ursprünglich für BSD-kompatible Unix-Systeme geschrieben wurde, auch auf Rechnern mit BirliX laufen kann [Kühn91].

Mach in der Version 3.0 ist nun ebenfalls ein solcher µ-Kernel. Aufgrund des Ursprungs von Mach gibt es natürlich einen BSD-Server, der 4.3BSD-Funktionalität zur Verfügung stellt. Genau genommen handelt es sich jedoch um eine ganze Gruppe von Servern, deren Interaktion erst die BSD-Kompatiblität möglich macht. Tab. 10.1 gibt einen Überblick über diese Server [Juli91].

Ein oder mehrere File-Server für unterschiedliche Dateisysteme (wie UFS, NFS, AFS).
Terminal-Server für die Emulation von TTYs und Pseudo-TTYs
IPC-Server für die lokale (also knoten-bezogene) Unix-IPC wie Pipes, BSD-Sockets (domain sockets)
Process-Server für die Verwaltung von Unix-Prozessen und Unix-Signalen
Ein oder mehrere Network-Server für die Emulation von Netzwerkprotokollen wie TCP/IP
Device-Server für den Zugriff auf "raw devices", typischerweise Platten im Unix-Verzeichnis /dev

Tab. 10.1 Übersicht über Server, die an der BSD-Emulation beteiligt sind

Daneben gibt es auch eine Version, die auf einem einzigen Server beruht, den Mach 3.0 4.3BSD Single Server [Dean91]. Um die entsprechende Leistung zu erreichen, ist dieser Server multithreaded entworfen und implementiert worden. Da dieser Server der wohl am meisten verwendete ist, wenn es um die Emulation von BSD-Unix geht, soll die Funktionsweise des 4.3BSD Single Servers an dieser Stelle kurz dargestellt werden. Ferner verdeutlicht dieser Einblick die Implementierung einer Betriebssystememulation auf einem µ-Kern. Diese BSD-Emulation gliedert sich in zwei Teile: die Applikation ruft eine spezielle Emulationsbibliothek auf, die Transparent System Call Emulation Library [Golu90]. Der Kern leitet die Systemaufrufe (Traps) an die Emulationsbibliothek weiter, die diese zusammen mit den Parametern des Systemaufrufs in Nachrichten verpackt (ähnlich einem Stubgenerator). Diese Nachrichten werden an den eigentlichen Emulationsserver gesendet, der sämtliche Funktionalität bereitstellt, die für eine Unix-Emulation nötig ist. Abb. 10.2 gibt die Architektur wieder. Diese Transparent System Call Emulation Library wird einmalig beim Systemstart durch den Init-Prozeß geladen und danach mittels der normalen Vererbungsmechanismen des VM-Systems an jede Task weitergegeben. Damit wird ein erneutes Laden dieser Bibliothek beim Start einer neuen Unix-Applikation überflüssig. Dieses Verfahren hat jedoch auch Nachteile. Da die Emulation Library im Adreßraum der Applikation liegt, kann der Speicher, den die Emulationsbibliothek belegt, durch ein fehlerhaftes Programm überschrieben werden. Der Server sollte daher robust genug sein, um Requests von ungewollt oder beabsichtigt modifizierten Emulation Libraries zurückzuweisen.

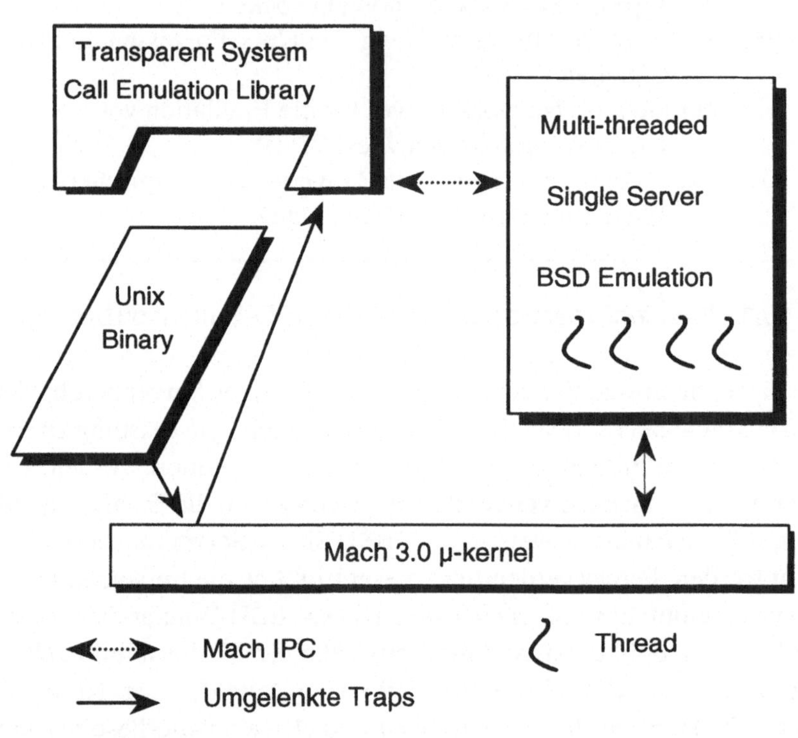

Abb. 10.2 Aufbau der Single Server BSD-Emulation

Neben der nachrichtenorientierten IPC gibt es aber noch eine andere Art der Kommunikation zwischen Transparent System Call Emulation Library und dem Unix-Server. Am deutlichesten wird dies bei der Betrachtung des Dateizugriffs. Ein normales Unix-Programm öffnet eine Datei mit dem Aufruf von open(), sucht eine bestimmte Position in der Datei mittels lseek(), liest einige Daten via read(), bearbeitet diese und schreibt sie mit einem write()-Aufruf wieder in die Datei zurück. Gemäß der oben beschriebenen Philosophie würde jeder Aufruf von der Transparent System Call Emulation Library in eine Nachricht verpackt und zur weiteren Bearbeitung den Unix-Server gesendet.

Neben dieser Möglichkeit bietet die Single-Server-Emulation noch eine andere: die Bearbeitung der Datei mittels einem VM-Objekt. Bei einem open() wird ein VM-Objekt angelegt, das die Datei repräsentiert und der Inhalt der Datei in dieses neu angelegte VM-Objekt eingelesen. Dieses VM-Objekt wird über eine EMMI-Schnittstelle von dem Inode Pager verwaltet, der Bestandteil des Servers ist. Ein read() oder write() wird nun lokal von der Library behandelt, die bei einem read() einfach die Seiten aus dem VM-Objekt in der Puffer der Anwendung kopiert. Aufgrund der im Kapitel über das EMMI besprochenen Mechanismen wird dann ein Page Fault ausgelöst, der den Inode Pager dazu veranlaßt, die benötigten Seiten zur Verfügung zu stellen (Abb. 10.3). Beim write() wird einfach der entsprechende Pufferinhalt in das VM-Objekt kopiert. Schließt die Applikation die Datei, sendet die Transparent System Call Emulation Library eine Nachricht an den Server, die den Inode Pager (als Bestandteil des Servers) veranlaßt, das VM-Objekt wieder auf die Platte zurückzuschreiben. open() und close() sind also die einzigen Stellen, wo beim Dateizugriff eine Nachricht an den Server gesendet wird, alles weitere erledigt der Inode Pager. Der wesentliche Vorteil des Verfahrens ist klar: ein erheblich schnellerer Zugriff beim Lesen, Schreiben und Positionieren, da diese Aufrufe alle lokal in der Library behandelt werden können und keine IPC zwischen Library und Server benötigen. Lediglich beim Öffnen der Datei kommt es zu einer Verzögerung, da ja zuerst der Inode Pager den Inhalt der Datei von der Platte in das VM-Objekt laden muß. Da jedoch Lese- und Schreibzugriffe im Vergleich zum Öffnen und Schließen von Dateien überwiegen, ist diese Zeit nicht so sehr ausschlaggebend.

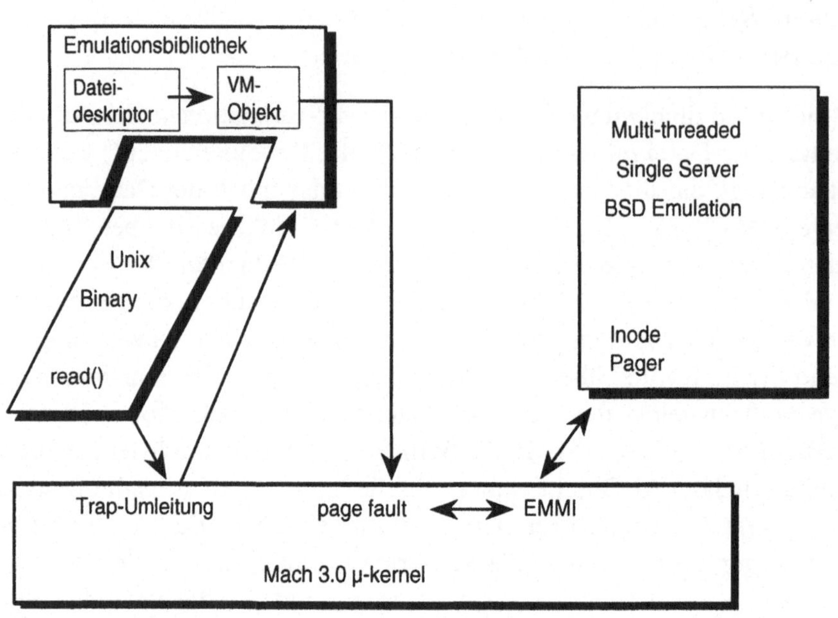

Abb. 10.3 Dateizugriff in der BSD-Emulation

Neben der BSD-Emulation sind weitere Emulations-Server für Betriebssysteme wie VMS, MacOS und System V-Unix geplant oder bereits implementiert. Am interessantesten ist vielleicht der MS-DOS-Server, von dem auch schon ein Prototyp existiert. Damit ist es möglich, daß normale PC-Software auf einem Mach 3.0-System neben Unix-Software läuft. Eine Einschränkung gibt es jedoch: dieser MS-DOS-Server muß auf einem Rechner laufen, der einen i386 oder einen kompatiblen Nachfolger dieses Prozessors besitzt. Dies ist notwendig, da die Emulation MS-DOS-Software auf dem i386 im sog. virtuellen Mode laufen läßt. Vereinfacht gesprochen gaukelt dieser spezielle Modus einer Anwendung vor, sie allein hätte volle Kontrolle über den PC, während beispielsweise direkte I/O-Zugriffe durch spezielle Handler abgefangen werden und so eine Emulation überhaupt erst möglich machen. Dies ist auch unumgänglich. Viele MS-DOS-Programme greifen direkt auf den Bildschirmspeicher zu, um effizienter zu sein.

Dies ist natürlich in einem Multitasking Betriebssystem, in dem auch noch andere Software wie Unix-Programme läuft, nicht akzeptabel. Daher fängt man diese Zugriffe in geeigneter Weise ab und koordiniert die Bildschirmdarstellung mit den übrigen Programmen. Der MS-DOS-Server simuliert aufgrund dieser Eigenschaft einen normalen 8086, auf dem z. B. Microsoft Windows im Real-Mode laufen kann[52]. Welche Eigenschaften besitzt nun dieser DOS-Server? Aufgrund des oben beschriebenen Verhaltens von PC-Software ist dies ein multithreaded Server [Mala91]. Diese Eigenschaft macht auch mehrere MS-DOS-Instanzen gleichzeitig möglich (ähnlich wie Windows 3.0 im Enhanced Mode). Der Server stellt eine VGA-Emulation sowie die Mehrzahl der I/O-Einheiten der PC-Architektur zur Verfügung. Alle wesentlichen Funktionen des Betriebssystems werden über den DOS-Service-Trap (hexadezimal 21) emuliert, so daß alle DOS-Versionen von 3.1 über 4.01 bis hin zu 5.0 möglich sind. Der DOS-Server ist sogar in der Lage, "kritische" Applikationen wie Spiele, die für ihre unsaubere Programmierung betreffend der PC-Hardware bekannt sind, zufriedenstellend zu bedienen [Mala91]. Ein Nachteil bei dem Server ist allerdings, daß er nur einen 8086 im Real-Modus emulieren kann. Damit ist Software, die den Protected Mode des 80286 und 80386 benutzt (um zum Beispiel Extended Memory[53] anzusprechen), von der Verwendung ausgeschlossen. Extended Memory kann jedoch - wenn die Anwendung damit umgehen kann - durch expanded memory ersetzt werden, da diese Art der Speichererweiterung auch von 8086-Architekturen unterstützt wird [Dunc87]. Da weitere Eigenschaften des Protected Mode von moderner, DOS-basierter PC-Software ausgenutzt werden, ist diese Software vom Gebrauch ebenfalls ausgeschlossen. Mit dem Einsatz dieses MS-DOS-Servers ist also ein eingeschränkter MS-DOS-Betrieb möglich, wenn auch auf Kosten der Performance. Es ist klar, daß eine emulierte MS-DOS-Umgebung nie ganz so schnell wie ein PC sein kann, auf dem nur MS-DOS läuft (natürlich abhängig von der Anwendung).

---

52 MS-Windows war tatsächlich ein Bestandteil der Servertestumgebung [Mala91]

53 als Speicher über der 8086-Adreßraumgrenze von einem Megabyte (jenseits von 0x100000)

10.2 Unterschiede zwischen Mach 2.5 und Mach 3.0 aus Programmierersicht

Für den Programmierer ändert sich beim Übergang von Mach 2.5 auf Mach 3.0 relativ wenig. Bleibt er auf der BSD-Ebene, ändert sich nichts - Mach 2.5 besitzt wie Mach 3.0 auch eine vollständige BSD-Schnittstelle (s. vorigen Abschnitt), in Mach 2.5 ist sie als Bestandteil des Kerns realisiert, in Mach 3.0 als eigenständiger Server. Anders dagegen sieht es auf der direkten Schnittstelle zum Kern aus. Am meisten hat sich an der nachrichtenorientierten IPC-Schnittstelle, am Port-Handling und EMMI geändert. So kennt Mach 3.0 neue Nachrichtendatentypen wie send-once und Send Port Rights, die vorher nur unter dem Datentyp Port Right liefen. Das IPC-Interface wurde in Richtung Leistungssteigerung reimplementiert. Da die Unix-Emulation im Schnitt ca. 2000 Port Rights benötigt, macht sich die Leistungssteigerung durchaus bemerkbar. Einige Funktionalität ist bei der Neuimplementierung weggefallen. Ein Beispiel dafür ist das Konzept des Backup-Ports. Daher beginnen sämtliche Aufrufe des neuen APIs mit "mach_". Programme, die das alte API zur Kommunikation mittels Nachrichten benutzen, können aber weiter verwendet werden, da die neue Schnittstelle einen Kompabilitätsmodus besitzt, der die alte Schnittstelle emuliert. Dieses gilt auch für das Port-API. So heißt der Aufruf zum Anlegen eines Ports in der neuen Version nun nicht mehr port_allocate, sondern mach_port_allocate. Einige Konstanten besitzten nun ebenfalls den Prefix "MACH_"[54]. Beim EMMI wurde eine neue Schnittstelle eingeführt. So heißt jetzt der Aufruf des externen Pagers für die Bereitstellung von Daten nicht memory_object_data_provided sondern memory_object_data_supply. Wie beim IPC-Interface auch wird jedoch die alte Schnittstelle weiterhin unterstützt. Nicht geändert hat sich beispielsweise die Schnittstelle zur Anforderung und Freigabe von VM-Objekten seitens einer Applikation. Bedingt durch die Realisierung als µ-Kern hat sich die Implementierung einiger Routinen, die hinter diesen APIs stehen, jedoch geändert. Die Funktionalität bleibt dadurch aber gleich.

[54] bei Unsicherheit hilft ein Blick in die entsprechende Include-Datei

Anhang

A1 Listings

In diesem ersten Teil des Anhangs sind alle Listings zu finden, auf die in den Kapiteln des zweiten Teils Bezug genommen wird. Die einzelnen Beispielprogramme sind analog zu der Reihenfolge der Kapitel geordnet. Damit das Übertragen der Listings in maschinenlesbare Form einfacher geht, wurde beim Setzen der Listings eine OCR-freundliche Schrift (`Courier`) verwendet. Beim Einsatz von Scannern treten so weniger Fehler beim Konvertieren auf.

Zu beachten ist ferner, daß sämtliche im folgenden dargestellten Programme die Bibliothek *libmach.a* benötigen, da in ihr sämtliche Routinen der Mach-APIs enthalten sind. Einige Programme (wie z. B. die Cthread-Demonstration) benötigen ferner andere Bibliotheken, auf die im Text jedoch gesondert hingewiesen wird.

Beispielprogramm zum Kapitel 4

```
/*
 *  Beispielprogramm fuer die Benutzung von Mach IPC
 *
 *  Sortieren von Zahlen:
 *
 *  Elter-Prozess erzeugt Kind-Prozess, Kind-Prozess fuellt
 *  Array mit Zufallszahlen und schickt diesen mit  an Elter-
 *  Task
 *  Der Elter-Prozess sortiert diesen und schickt den
 *  sortierten
 *  Array zurueck an Kind-Prozess
 */

#include <stdio.h>
#include <mach.h>
#include <mach/message.h>
#include <servers/env_mgr.h>    /* Fuer Environment-Manager */

#define SIZE    40              /* Anzahl der Zufallszahlen */

struct message {
 msg_header_t header;
 msg_type_t data;
 int numbers [SIZE];
};

extern qsort(void *, int, int, int (*)(void *, void *));

/*
 *  Compare-Funktion fuer qsort()
 */

int compare(int *a, int *b)
{
 return *a - *b;
}
```

```
/*
 *  Der Elter-Prozess: Feld vom Kind-Prozess empfangen,
 *  in Sende-Paket kopieren, Zahlen sortieren, und an den
 *  Kind-Prozess zurueckschicken.
 */

void parent(port_t sort_port)
{
  struct message rcv, xmit;        /* Zwei Puffer */
  kern_return_t ret;

  rcv.header.msg_local_port = sort_port;
  rcv.header.msg_size = sizeof(rcv);
  /* Nachricht empfangen */
  ret = msg_receive(&rcv.header, MSG_OPTION_NONE, 0);
  if (ret != RCV_SUCCESS) {
     fprintf(stderr, "Konnte Botschaft vom Kind-Prozess nicht\
empfangen, Abbruch\n");
     exit(-1);
  }

  /* Nachricht in Sendepuffer kopieren */

  memcpy(&xmit.header, &rcv.header, sizeof(rcv));

  /* Zahlen mittels Quick-Sort sortieren */

  qsort((void *) rcv.numbers, SIZE, sizeof(int), ((int *)
     (void *, void *)) compare);

  /* Nachrichtenkopf vorbereiten */

  xmit.header.msg_remote_port = rcv.header.msg_remote_port;
  xmit.header.msg_local_port = PORT_NULL;
  xmit.header.msg_size = sizeof(xmit);
  xmit.header.msg_id = 0;
  xmit.header.msg_type = MSG_TYPE_NORMAL;
  xmit.header.msg_simple = TRUE;

  /* Typinformationen setzen */
```

```
  xmit.data.msg_type_name = MSG_TYPE_INTEGER_32;
  xmit.data.msg_type_size = sizeof(int) * 8;
  xmit.data.msg_type_number = SIZE;
  xmit.data.msg_type_inline = TRUE;
  xmit.data.msg_type_longform = FALSE;
  xmit.data.msg_type_deallocate = FALSE;

  /* Nachricht an Kind-Prozess zuruecksenden */

  ret = msg_send(&xmit.header, MSG_OPTION_NONE, 0);
  if (ret != SEND_SUCCESS) {
     fprintf(stderr, "Konnte Botschaft nicht an Kind-Prozess \
senden, Abbruch\n");
     exit(-1);
  }
  /* Port loeschen */
  port_deallocate(task_self(), sort_port);
}

void child(void)
{
  int i;
  struct message xmit;
  port_t reply_port;
  kern_return_t ret;
  port_t sort_port;

  /* Port fuer Rueckantwort anlegen */
  ret = port_allocate(task_self(), &reply_port);
  if (ret != KERN_SUCCESS) {
     fprintf(stderr, "Konnte Reply-Port nicht anlegen,\
 Abbruch\n");
     exit(-1);
  }

  /* Elter-Port aus Umgebung holen */

  ret = env_get_port(environment_port, "SortPort",
     &sort_port);
  if (ret != KERN_SUCCESS) {
     fprintf(stderr, "Konnte Elter-Port nicht aus der \
```

```
Umgebung holen, Abbruch\n");
    exit(-1);
  }

  /* Feld mit Zahlen fuellen */

  srand((unsigned) time(NULL));
  printf("Unsortierte Nummern: \n");
  for (i = 0; i < SIZE; i++) {
    xmit.numbers [i] = rand();
    printf("%d\t", xmit.numbers [i]);
  }
  printf("\n");

  xmit.header.msg_remote_port = sort_port;
  xmit.header.msg_local_port = reply_port;
  xmit.header.msg_size = sizeof(xmit);
  xmit.header.msg_id = 0;
  xmit.header.msg_type = MSG_TYPE_NORMAL;
  xmit.header.msg_simple = TRUE;

  xmit.data.msg_type_name = MSG_TYPE_INTEGER_32;
  xmit.data.msg_type_size = sizeof(int) * 8;
  xmit.data.msg_type_number = SIZE;
  xmit.data.msg_type_inline = TRUE;
  xmit.data.msg_type_longform = FALSE;
  xmit.data.msg_type_deallocate = FALSE;

  /* Zahlen zum Sortieren an Elter-Prozess senden */

  ret = msg_rpc(&xmit.header, MSG_OPTION_NONE, sizeof(xmit),
    0, 0);

  if (ret != RPC_SUCCESS) {
    fprintf(stderr, "Konnte Zahlen nicht zum Sortieren \
schicken, Abbruch\n");
    exit(-1);{
  }
  printf("Sortierte Zahlen:\n");
  for (i = 0; i < SIZE; i++)
    printf("%d\t", xmit.numbers [i]);
```

```
  printf("\n");
  port_deallocate(task_self(), reply_port);

  exit(0);

}

void main(int argc, char *argv[])
{
  kern_return_t ret;
  port_t sort_port;

  if (argc > 1) {
     fprintf(stderr, "%s benutzt keine Argumente\n",
        argv [1]);
     exit(-1);
  }

  /* Elter-Port anlegen */

  ret = port_allocate(task_self(), &sort_port);
  if (ret != KERN_SUCCESS) {
     fprintf(stderr, "Konnte Sort-Port nicht anlegen,\
 Abbruch\n");
     exit(-1);
  }

  /* Port in die Umgebung eintragen */

  ret = env_set_port(environment_port, "SortPort",
     sort_port);
  if (ret != KERN_SUCCESS) {
     fprintf(stderr, "Konnte Sort-Port nicht in die,\
Umgebung eintragen, Abbruch\n");
     exit(-1);
  }
  /* Kind-Prozess erzeugen */
  switch (fork()) {
     case 0 :
        child();
        break;
```

```
    case -1 :
       fprintf(stderr, "Konnte keinen Kind-Prozess erzeugen,\
Abbruch");
       exit(-1);
    default:
       parent(sort_port);
       break;
  }
  exit(0);
}
```

IPC.C: Sortieren von Zahlen unter Benutzung von IPC-Mechanismen

Beispielprogramme zum Kapitel 5

```
/*
 *  Definitionsdatei fuer crpyt-Server
 */

typedef char *string_ptr;
```

CRYPT_DEF.H: Include-Datei für MIG

```
/*
 *  MIG Definitionsdatei fuer Verschluesselungs-RPC
 */

subsystem crypt 1024;

#include <mach/std_types.defs>

type string_ptr = (MSG_TYPE_STRING_C, 8 * 80);

import "crypt_def.h";

waittime  512;
msgtype MSG_TYPE_ENCRYPTED;

routine encode(service : port_t;
    inout string : string_ptr);

routine compare(service : port_t;
    in   in1 : string_ptr;
    in   in2 : string_ptr;
    out     result : int);
```

CRYPT.DEFS: MIG-Definitionsdatei für den Verschlüsselungs-Server

```
/*
 *  mig_server-Routine aus [Walm89a]
 */

#include <mach.h>
#include <mach/message.h>
#include <mach/mig_errors.h>
#include <mach/std_types.h>
#include <stdio.h>

msg_return_t mig_server(port_t service, boolean_t
    (*function)())
{
  /*
   * Buffers should be aligned on 4-byte boundaries,
   * so that internal fields are aligned properly
   * for int fetches and stores.
   */

  int requestbuf[MSG_SIZE_MAX/sizeof(int)];
  int replybuf[MSG_SIZE_MAX/sizeof(int)];

  msg_header_t *request = (msg_header_t *) requestbuf;
  death_pill_t *reply = (death_pill_t *) replybuf;
  msg_return_t mr;

  /*
   *   Problems with this server loop:
   * Requests which are not processed successfully
   *(bad msg_id, type mismatch, whatever) should
   * be cleaned up; ports & memory deallocated.
   *
   * Replies which are dropped (reply port died or was
   * full, some problem with rights or the memory in the
   * reply)should also be cleaned up.
   * But these are hard problems (harder than they might
   * appear) so we ignore them.
   */
```

```
  for (;;) {
    /* receive a request message */

    request->msg_size = sizeof(requestbuf);
    request->msg_local_port = service;

    mr = msg_receive(request, MSG_OPTION_NONE, 0);
    if (mr != RCV_SUCCESS)
      return mr;

    /* ignore notification messages from the kernel */

    if (request->msg_local_port == task_notify())
      continue;

    /* demux and process the request, generating a reply */

    (void) (*function)(request, &reply->Head);

    /* send the reply if necessary */

    if ((reply->Head.msg_remote_port != PORT_NULL) &&
        (reply->RetCode != MIG_NO_REPLY)) {
      /* don't block if the reply port is full */

      (void) msg_send(&reply->Head, SEND_TIMEOUT, 0);
    }
  }
}
```

MIG_SERVER.C: Einfacher RPC-Dispatcher (aus [WT89a])

```
/*
 *  Das Hauptmodul des Verschluesselungsservers:
 *
 *  Port kreieren und systemweit bekanntmachen
 *
 *  Ankommende Strings verschluesseln
 */

#include <stdio.h>
#include <mach.h>
#include <mach/message.h>
#include <mach/std_types.h>
#include <servers/netname.h>
#include <string.h>
#include <mach_error.h>

#include "crypt.h"

extern msg_return_t mig_server();
extern boolean_t crypt_server();

extern char *crypt(char *, char *);

kern_return_t encode(port_t service, string_ptr str)
{
 strcpy((char *) str, crypt((char *) str, "  ") + 2);
 return KERN_SUCCESS;
}

kern_return_t compare(port_t service, string_ptr str1,
    string_ptr str2, int *flag)
{
 *flag = strcmp((char *) str1, (char *) str2);
 return KERN_SUCCESS;
}

void main(int argc, char *argv [])
{
 port_name_t server;
 port_name_t set;
```

```
  kern_return_t ret;
  if (argc > 1) {
     fprintf(stderr, "%s benutzt keine Argumente\n");
     exit(-1);
  }
  mach_init();
  ret = port_allocate(task_self(), &server);
  if (ret != KERN_SUCCESS) {
     fprintf(stderr, "konnte Port nicht anlegen\n");
     exit(-1);
  }
  ret = port_set_allocate(task_self(), &set);
  if (ret != KERN_SUCCESS) {
     fprintf(stderr, "konnte Set nicht anlegen\n");
     exit(-1);
  }
  ret = port_set_add(task_self(), set, server);
  if (ret != KERN_SUCCESS) {
     fprintf(stderr, "konnte Set nicht erweitern\n");
     exit(-1);
  }
  ret = port_set_add(task_self(), set, task_notify());
  if (ret != KERN_SUCCESS) {
     fprintf(stderr, "konnte Set nicht erweitern(notify)\n");
     exit(-1);
  }
  ret = netname_check_in(name_server_port, "CryptServer",
     PORT_NULL, server);
  if (ret != KERN_SUCCESS) {
     fprintf(stderr, "netname-checkin nicht moeglich:%d\n",
       ret);
     exit(-1);
  }
  ret = mig_server(server, crypt_server);
  fprintf(stderr, "Unerwartete Rueckkehr aus mig_server,\
Abbruch\n");
  exit(-1);
}
```

C_SERVER.C: Serverseite des Verschlüsselungs-Servers

```
/*
 *  Beispielklient fuer die Benutzung des Verschluesselungs-
 *  Servers
 */

#include <stdio.h>
#include <mach.h>
#include <servers/netname.h>
#include <malloc.h>
#include <mach/std_types.h>
#include <string.h>

#include "crypt.h"


void main(int argc, char *argv[])
{
  port_t service;
  kern_return_t ret;
  int flag;
  char line1 [256], line2 [256];

  if (argc > 1) {
     fprintf(stderr, "%s benutzt keine Argumente", argv [0]);
     exit(-1);
  }

  ret = netname_look_up(name_server_port, "", "CryptServer",
     &service);
  if (ret != KERN_SUCCESS) {
     fprintf(stderr, "konnte Crypt-Server Port nicht finden");
     exit(-1);
  }
  printf("1. String: ");
  gets(line1);
  encode(service, (string_ptr) line1);
  printf("1. String verschluesselt: %s\n", line1);
  printf("2. String: ");
  gets(line2);
  encode(service, (string_ptr) line2);
```

```
  printf("2. String verschluesselt: %s\n", line2);

  compare(service, (string_ptr) line1, (string_ptr) line2,
    &flag);
  if (flag == 0)
    printf("1. String und 2. String gleich\n");
  else
    printf("1. String und 2. String nicht gleich\n");
}
```

C_USER.C: Userseite des Verschlüsselungs-Servers

Beispielprogramm zum Kapitel 6

```
/*
 *  Conway's problem mit Cthreads unter Mach
 */

#include <mach.h>
#include <stdio.h>
#include <string.h>

#define  INPUT_CARD_SIZE    80
#define OUTPUT_CARD_SIZE  125

struct read_buf {
 mutex_t card_lock;
 condition_t non_empty, non_full;
 char read_c;
 int cnt;
} buffer0;    /* Eingabepuffer */

struct write_buf {
 mutex_t buf_lock;
 condition_t non_empty, non_full;
 char process_c;
 int cnt;
} buffer1;    /* Ersetzungspuffer */

struct proc_buf {
 struct read_buf *rdr;
 struct write_buf *wrt;
} buffer2; /* Bearbeitungspuffer (Zeiger auf beide obigen */
           /* Puffer)*/

void reader(struct read_buf *buf)
{
 int i;
 char c;
```

```
  i = 0; /* Zaehler fuer Zeichenanzahl der einzelnen Karten */
  while (feof(stdin) == 0) {
    if (++i % INPUT_CARD_SIZE == 0)
      c = ' ';  /*Nach 80. Zeichen Leerzeichen hinzufeugen */
    else
      c = getchar();
    if (c != '\n') { /* CR werden ueberlesen */
      mutex_lock(buf->card_lock);
      buf->read_c = c;
      buf->cnt++; /* Es ist ein Zeichen im Puffer */
      condition_signal(buf->non_empty);
      while (buf->cnt > 0)  /* Auf Pufferentleerung warten */
        condition_wait(buf->non_full, buf->card_lock);
      mutex_unlock(buf->card_lock);
    }
  }
  exit(0);  /* Bei Eingabeende *gesamte* Task stoppen */
}

void processor(struct proc_buf *pbuf)
{
  struct read_buf *rbuf;
  struct write_buf *wbuf;

  rbuf = pbuf->rdr;   /* Funktionsargumente auspacken */
  wbuf = pbuf->wrt;
  for (;;) {
    mutex_lock(rbuf->card_lock);
    while (rbuf->cnt == 0) /* Auf Zeichen vom Leser warten */
      condition_wait(rbuf->non_empty, rbuf->card_lock);
    if (rbuf->read_c != '*' ) {  /* Ist Zeichen ein '*' ? */
      mutex_lock(wbuf->buf_lock);     /* Normales Zeichen */
      wbuf->process_c = rbuf->read_c; /* Zeichen an Puncher
schreiben */
      condition_signal(wbuf->non_empty);
      wbuf->cnt++; /* Zeichen ist im Puffer */
      while (wbuf->cnt > 0)
        condition_wait(wbuf->non_full, wbuf->buf_lock);
    } else {
      rbuf->cnt--; /* '*' */
```

```
        condition_signal(rbuf->non_full);
        while (rbuf->cnt == 0)      /* Weiteres Zeichen holen */
          condition_wait(rbuf->non_empty, rbuf->card_lock);
        if (rbuf->read_c == '*') { /* 2. Zeichen ist '*' *
          mutex_lock(wbuf->buf_lock);
          wbuf->process_c = '^';    /* Zeichen wandeln */
          wbuf->cnt++;/* Zeichen ist im Puffer */
          condition_signal(wbuf->non_empty);
          while (wbuf->cnt > 0)
            condition_wait(wbuf->non_full, wbuf->buf_lock);
        } else {  /* 2. Zeichen nicht '*', beide senden */
          mutex_lock(wbuf->buf_lock);
          wbuf->process_c = '*';
          wbuf->cnt++;
          condition_signal(wbuf->non_empty);
          while (wbuf->cnt > 0)
            condition_wait(wbuf->non_full, wbuf->buf_lock);
          wbuf->process_c = rbuf->read_c;
          condition_signal(wbuf->non_empty);
          wbuf->cnt++;
          while (wbuf->cnt > 0)
            condition_wait(wbuf->non_full, wbuf->buf_lock);
        }
      }
      mutex_unlock(wbuf->buf_lock);
      rbuf->cnt--;/* Leser freigeben */
      condition_signal(rbuf->non_full);
      mutex_unlock(rbuf->card_lock);
  }
}

void puncher(struct write_buf *wbuf)
{
  int i;
  char c;

  i = 0;
  for (;;) {
    mutex_lock(wbuf->buf_lock);
    while (wbuf->cnt == 0)   /* Auf Zeichen warten */
      condition_wait(wbuf->non_empty, wbuf->buf_lock);
```

```
    c = wbuf->process_c;
    wbuf->cnt--; /* Puffer entleeren */
    condition_signal(wbuf->non_full);
    mutex_unlock(wbuf->buf_lock);
    putchar(c); /* Zeichen drucken */
    if (++i % OUTPUT_CARD_SIZE == 0)
      putchar('\n'); /* Zeilenvorschub nach jeder Karte */
  }
}

void main(int argc, char *argv [0])
{
  if (argc > 1) {
    fprintf(stderr, "%s benutzt keine Argumente\n",
      argv [0]);
    exit(-1);
  } /* Beide Puffer vorbereiten */
  buffer0.card_lock = mutex_alloc();
  buffer0.non_empty = condition_alloc();
  buffer0.non_full = condition_alloc();
  buffer0.cnt = 0;
  buffer1.buf_lock = mutex_alloc();
  buffer1.non_empty = condition_alloc();
  buffer1.non_full = condition_alloc();
  buffer1.cnt = 0;
  buffer2.rdr = &buffer0;
      /* Einpacken der Funktionsargumente */
  buffer2.wrt = &buffer1;
      /* Threads erzeugen */
  cthread_detach(cthread_fork((any_t) &reader, (any_t)
      &buffer0));
  cthread_detach(cthread_fork((any_t) &processor, (any_t)
      &buffer2));
  puncher((any_t) &buffer1);
}
```

CW.C: Conway's Problem mittels Cthreads gelöst

Beispielprogramm zum Kapitel 7

```
/*
 *  Beispielprogramm fuer den Einsatz eines VM-Objektes.
 *
 *  Realisation des Produzenten / Konsumentenproblems ueber
 *  einen beschraenkten Puffer
 */

#include <stdio.h>
#include <mach.h>
#include <stdlib.h>
#include <string.h>

#define  TRUE 1
#define  FALSE  0
#define  ITEMS  30

#define  CONSUMER_WAIT  0
#define  PRODUCER_WAIT  1

typedef struct {
  char string [256];
  int nummer;
} DATA;


int *lock;     /* Waechter fuer kritischen Bereich */
int *cnt;      /* Zaehler fuer Anzahl der Puffereintraege */
DATA *buffer;


void consumer(void)
{
  int i, rcv_cnt;

  rcv_cnt = 0;
```

```
  for (i = 0; i < ITEMS; i++) {
    while (*lock == CONSUMER_WAIT) ; /* Auf Pufferfreigabe
warten */
    if (*cnt > 0) {
      printf("Nummer %d: %s\n", buffer [rcv_cnt].nummer,
        buffer [rcv_cnt].string);
      if (++rcv_cnt == ITEMS) rcv_cnt = 0;
      (*cnt)--;
    }
    *lock = CONSUMER_WAIT;
  }
  printf("Konsumentenprozess beendet\n");
    exit(0);
}

void producer(void)
{
  int i, sen_cnt, counter;

  sen_cnt = 0;
  counter = 0;

  for (i = 0; i < ITEMS; i++) {
    while (*lock == PRODUCER_WAIT) ;
         /* Auf Pufferfreigabe warten */
    *lock = CONSUMER_WAIT;
    if (*cnt < ITEMS) {
      strcpy(buffer [sen_cnt].string,
        "Testdaten fuer Konsument");
      buffer [sen_cnt].nummer = ++counter;
      if (++sen_cnt == ITEMS) sen_cnt = 0;
      (*cnt)++;
    }
    *lock = PRODUCER_WAIT;
  }
  printf("Produzentenprozess beendet\n");
}

void main(int argc, char **argv)
{
  int i;
```

```
if (argc > 1) {
  fprintf(stderr, "%s hat keine Argumente\n", argv [0]);
  exit(-1);
}
/* VM-Objekt anlegen */
if (vm_allocate(task_self(), (vm_address_t *) &buffer,
  sizeof(DATA) * (ITEMS / 2), TRUE) != KERN_SUCCESS) {
  fprintf(stderr, "BUFFER allocate fehlgeschlagen\n");
  exit(-1);
}
if (vm_allocate(task_self(), (vm_address_t *) &lock,
  sizeof(int), TRUE) != KERN_SUCCESS) {
  fprintf(stderr, "LOCK allocate fehlgeschlagen\n");
  exit(-1);
}
if (vm_allocate(task_self(), (vm_address_t *) &cnt,
  sizeof(int), TRUE) != KERN_SUCCESS) {
  fprintf(stderr, "CNT allocate fehlgeschlagen\n");
  exit(-1);
}
/* Vererbung festlegen */
if (vm_inherit(task_self(), (vm_address_t) buffer,
  sizeof(DATA) * (ITEMS / 2), VM_INHERIT_SHARE) !=
  KERN_SUCCESS) {
  fprintf(stderr, "BUFFER inherit fehlgeschlagen\n");
  exit(-1);
}
if (vm_inherit(task_self(), (vm_address_t) lock,
  sizeof(int), VM_INHERIT_SHARE) != KERN_SUCCESS) {
  fprintf(stderr, "LOCK inherit fehlgeschlagen\n");
  exit(-1);
}
if (vm_inherit(task_self(), (vm_address_t) cnt,
  sizeof(int), VM_INHERIT_SHARE) != KERN_SUCCESS) {
  fprintf(stderr, "CNT inherit fehlgeschlagen\n");
  exit(-1);
}
*cnt = 0;
*lock = CONSUMER_WAIT;
       /* Kindprozess erzeugen */
```

```
  switch (i = fork()) {
    case 0:
      consumer(); /* Kind-Prozess wird Konsument */
      break;
    case -1:
      fprintf(stderr, "%d: fork nicht moeglich\n", i);
      exit(-1);
    default:
      producer(); /* Elter-Prozess wird Produzent */
  }
  /* Auf das Ende des Kind-Prozesses warten */
  wait(NULL);
  /* VM-Objekt freigeben */
  vm_deallocate(task_self(), (vm_address_t) buffer,
    sizeof(DATA) * (ITEMS / 2));
  vm_deallocate(task_self(), (vm_address_t) lock,
    sizeof(int));
  vm_deallocate(task_self(), (vm_address_t) cnt,
    sizeof(int));
}
```

VM.C: Beispiel für ein einfaches Erzeuger / Verbraucherproblem mittels Shared Memory

A2 Glossar

µ-Kern — rudimentärer Betriebssystemkern für die nötigsten Funktionen wie z.B. IPC, die restliche Funktionalität wird in ↳ Servern implementiert

4.3BSD — populäre Unix-Portierung der University of California at Berkeley (↳ BSD)

API — ↳ Application Program Interface

Application Program Interface — Prozedurale Schnittstelle für die Kommunikation mit einem Diensterbringer

Betriebsmittel — Komponenten eines ↳ Computers, ohne die eine Task nicht arbeiten kann

BSD — Berkeley Software Distribution, Entwickler der weitverbreiteten Unix-Portierung ↳ 4.3BSD

C — Prozedurale Programmiersprache, die Anfang der siebziger Jahre von Kernighan und Ritchie für die Betriebssystementwicklung definiert wurde

C++ — der objektorientierte Nachfolger von ↳ C

Central Processing Unit — ↳ Betriebsmittel im Herzen des Rechners

CMU — Carnegie-Mellon University in Pittsburgh, Geburtsstätte von Mach

Copy on Write — ↳ Lazy Evaluation Optimierung des ë Memory Managements dahin gehend, daß ein von mehreren ë Tasks benutztes ë VM-Objekt erst dann kopiert wird, wenn von einer Task schreibend auf dieses VM-Objekt zugegriffen wird

CPU — ↳ Central Processing Unit

Cthreads — Modul für die einfache Verwaltung und Synchronisation von ë Threads von ↳ C aus

Default Memory Manager
↳ Memory Manager für Kernel-erzeugte ↳ VM-Objekte

EMMI — Schnittstelle zwischen Kern und ↳ externem Memory Manager

Environment Manager
Mach-Standardserver für die Emulation einer Unix-kompatiblen Umgebung

Exception — Prozessorfehler aufgrund einer Fehlersituation wie z.B. einer Speicherschutzverletzung oder Division durch Null

Externer Memory Manager
für ein bestimmtes ↳ VM-Objekt zuständige Verwaltungseinheit (meist in Form von ↳ User-Level Tasks)

Gegenseitiger Ausschluß
Menge von Mechanismen, die verhindern, daß sich mehrere Threads gleichzeitig in einem kritischen Abschnitt befinden

Host — Sammlung von CPUs in einem ↳ Multiprozessorsystem

In-line Daten — Daten, die zusammen mit einer Nachricht verschickt werden, also in ihr enthalten sind

Interrupt — Prozessorunterbrechung aufgrund eines asynchronen Ereignissen wie z.B. die Zustandsänderung einer Ausgabeinheit

IPC — Mittel der Kommunikation zwischen ↳ Tasks (Inter-Process-Communication), im allgemeinen nachrichtenorientiert oder via ↳ Shared Memory

Kern — Teil eines Betriebssystems, der die wesentlichen Funktionen wie ↳ IPC, Prozeßverwaltung und VM-Management bereitstellt

Kernel Level — Im Gegensatz zum ↳ User Level uneingeschränkter Kontext; beispielsweise das Betriebssystem läuft im Kernel Level (alle Operationen sind zugelassen)

Klient — Applikation, die eine bestimmte Funktionalität wünscht, aber diese selbst nicht bereitstellen und sich daher an einen ↳ Server wendet

Kritischer Abschnitt
: Programmteil, in der ein Thread gemeinsam benutzte Variablen manipuliert, es darf sich also höchsten ein Thread im jeweiligen kritischen Abschnitt befinden (↳ gegenseitiger Ausschluß)

Lazy Evaluation
: Optimierungstechnik, die eine Maßnahme möglichst spät durchführt in der Hoffnung, diese Aktion sei überflüssig (↳ Copy on Write, ↳ Map on Reference)

Lokaler Bus
: Verbindung zwischen mehreren Prozessoren eines ↳ Multiprozessorsystems

Mach
: Unix-kompatibles Netzwerkbetriebssystem der ↳ CMU

Mach Interface Generator
: ↳ Stubgenerator des Mach-Systems

Map on Reference
: ↳ Lazy Evaluation Optimierung des ↳ Memory Managements: ein VM-Objekt wird erst dann in den Adreßraum eingebunden (↳ der MMU bekannt gemacht), wenn es tatsächlich referenziert wurde

Memory Management
: Teil des Betriebssystems, der für die Verwaltung von virtuellem Speicher zuständig ist

Memory Management Unit
: Teil der CPU, der für die Übersetzung von virtuellen in physikalische Adressen und für den Speicherschutz zuständig ist

Memory Manager
: Verwalter von ↳ VM-Objekten, meist in Form von ↳ externen Memory Managern

Memory Object
: ↳ VM-Objekt

Message
: (in Mach typisierte) Sammlung von Daten als eine Art der ↳ IPC

MIG
: ↳ Mach Interface Generator

MMU
: ↳ Memory Management Unit

Multiprozessorsystem
: mehrere CPUs, die durch einen ↳ lokalen Bus eng gekoppelt sind

Mutual Exclusion
: ↳ gegenseitiger Ausschluß

Nachricht — ↳ Message

NetMemServer — Mach-Standardserver für die Realisierung von netzweitem, virtuellem Speicher

NetMsgServer — Mach-Standardserver für die netzweite Kommunikation via Messages

Netzwerk — mehrere, lose gekoppelte ↳ Computer, die durch ein Übertragungsmedium wie Ethernet miteinander verbunden sind

Offenes System — da dieser Begriff sehr weitläufig ist, an dieser Stelle nur der Versuch einer Definition: Software, die allgemein anerkannten Schnittstellen genügt und weitgehend portabel ist (bedingt auch auf Hardware anwendbar)

Open Software Foundation — non-profit Zusammenschluß führender Computerhersteller für Propagierung von ↳ offenen Systemen

OSF — ↳ Open Software Foundation

Out-of-line Daten — im Gegensatz zu ↳ in-line Daten wird in der Nachricht nur ein Verweis auf die Adresse der Daten gesendet

Page — kleinste Verwaltungseinheit der ↳ MMU, meist zwischen 1024 und 8192 Bytes groß

Paging — Auslagern von einzelnen Seiten auf ein Sekundärmedium bei Speicherknappheit

Port — Nachrichtenempfänger oder -sender

Port Name Space — Menge der Ports einer Task

Port Right — Recht einer Task, eine Nachricht zu senden oder zu empfangen (↳ Send Port Right, ↳ send-once Port Right, ↳ Receive Port Right)

Port Set — Menge von Receive Port Rights, kann anstelle eines Receive Port Right gebraucht werden und bezieht sich dann auf alle Port Rights in diesem Port Set

Portable Threads — ähnlich den ↳ Cthreads ein Modul für die Verwaltung und Synchronisation von ↳ Threads, entspricht IEEE Standard P1003.4a

preemptive	engl. für "verdrängend", meist synonym für den aktiven Entzug eines Betriebsmittels gebraucht
Processor Set	Menge von CPUs, auf denen ein oder mehrere Threads ausgeführt werden können
Pthreads	↳ Portable Threads
Receive Right	das Recht, Nachrichten zu empfangen, die an einen Port geschickt wurden
Remote Procedure Call	für das aufrufende Programm transparenter Aufruf einer Funktion in einer anderen Task (evtl. auf einem anderen Rechner)
Reply Port	↳ Port Right, an das die Antwort auf eine Nachricht geschickt wird
RPC	↳ Remote Procedure Call
Scheduling	Verwaltung von Betriebsmitteln wie beispielsweise der CPU
Send Right	Senderecht auf einen Port
Send-once Port Right	↳ Send Right auf einen Port, das sich nach einmaligen Ausüben selbst zerstört
Server	Dienstleistungsinstanz für ↳ Klienten
Shared Memory	Teil des gemeinsamen virtuellen Adreßraums mehrerer Tasks
Stubgenerator	Werkzeug für die Programmierung mit RPCs: erzeugt aus einer Definitionsdatei Routinenstummel, die für die Kommunikation mit der Gegenseite zuständig sind
Swapping	Auslagern von ganzen Tasks auf ein Sekundärmedium im Falle von Speicherknappheit
System Mode	↳ Kernel Level
Task	Ressourcenträger in Form von ↳ Port Rights und virtuellem Adreßraum für ↳ Threads
Thread	konkurrent laufender Aktivitätsträger innerhalb einer ↳ Task

Timeout	Fehler, der auftritt, wenn die Gegenseite bei nachrichtenorientierter Kommunikation nicht innerhalb einer bestimmten Zeitspanne antwortet
Trap	Adreßraumwechsel vom ↳ User Mode in den ↳ System Mode, meist für die Nutzung von Betriebssystemdiensten
Unix	weitgehend portables multi-tasking, multi-user Betriebssystem von AT&T
User Level	Im Gegensatz zum ↳ Kernel-Level eingeschränkter Kontext, in dem Benutzerprogramme bearbeitet werden (z. B. sind privilegierte Operationen hier nicht zugelassen)
User Mode	↳ User Level
VM-Objekt	Verwaltungseinheit eines (externen) ↳ Memory Managers, somit Teil des virtuellen Adreßraums einer Task

A3 Bibliographie

Diese kommentierte Bibliographie gliedert sich in drei Teile: Der erste Teil stellt den eigentlichen Quellennachweis dar, in dem alle Literaturangaben angeführt sind.Um dem Leser einen Überblick über den Inhalt der einzelnen Quellen zu geben, die Mach und verwandte Themen zum Gegenstand haben, wurden diese in den Teilen zwei und drei der Bibliographie kommentiert. Der zweite Teil enthält Literatur, die die Grundlagen von Mach darstellt. Der dritte Teil behandelt dann weitergehende Artikel oder Tagungsbeiträge, die sich mit zum Teil sehr spezialisierten Themenstellungen wie z.B. Real-Time Erweiterungen von Mach auseinandersetzen.

Teil 1:Quellennachweis:

[Acce86] M. J. Accetta, R. V. Baron, W. Bolosky, D. Golub, R. Rashid, A. Tevanian, M. W. Young: Mach: A New Kernel Foundation For Unix Development, S. 93-112, Proceedings of the Usenix Summer Conference 1986.

[Bach87] M. J. Bach: The Design of the Unix Operating System, Prentice Hall 1987

[Baro90] 🖫 R. V. Baron, D Black, W. Bolosky, J. Chew, R. P. Draves, D. B. Golub, R. F. Rashid, A. Tevanian, Young: Mach Kernel Interface Manual, Carnegie-Mellon University 1990

[Bena82] M. Ben-Ari: Principles of Concurrent Programming, Prentice Hall 1982

[Blai91] G. Blair, J. Gallagher, D. Hutchison, D. Shepherd (Hrsg.): Object-Oriented Languages, Systems and Applications, Pitman Publishing 1991

[Budd87] T. Budd: A Little Smalltalk, Addison-Wesley 1987

[Coop90] E. C. Cooper, R. P. Draves: C Threads, Technical Report CMU-CS-88-154, Carnegie-Mellon University 1988

[Dean91] R. W. Dean, F. Armand: Data Movement in Kernelized Systems, Proceedings of the Second Usenix Mach Symposium 1991

[Deit84] H. Deitel: An Introduction to Operating Systems. Addison-Wesley 1984

[Drav89] R. P. Draves, M. B. Jones, M. R. Thompson: MIG - The Mach Interface Generator, Technical Report, Carnegie-Mellon University 1989

[Dunc87] R. Duncan: The MS-DOS Encyclopedia, Microsoft Press 1987

[Ertl90] A. W. Ertl, S. Port: Das Betriebssystem Microsoft-OS/2, Band 2, Forkel Verlag 1989

[Golu90] D. B. Golub, R. Dean, A. Forin, R. Rashid: Unix as an Application Program, Proceedings of the Usenix Summer Conference 1990

[Govi91] R. Govindan, D. P. Anderson: Scheduling and IPC Mechanisms for Continuous Media, Proceedings of the 13th ACM Symposium on Operating System Principles 1991

[Hall90] M. Hall, J. Barry (Hrsg.): The Sun Technology Papers, Springer Verlag 1990

[Inte87] Intel Corp.: 80286 and 80287 Programmer's Reference Manual, Intel Corp. 1987

[Inte90] Intel Corp.: 386DX Microprocessor Programmer's Reference Manual, Intel Corp. 1990

[Jaul88] P. Jaulent, L. Baticle, P. Pillot: 68020 / 68030 Microprocessors and their Coprocessors, MacMillan 1988

[Jone86] M. B. Jones, R. F. Rashid: Mach and Matchmaker, Proceedings of the OOPSLA Conference 1986

[Juli91] D. P. Julin, J. J. Chew, J. M. Stevenson, P. Guedes, P. Neves, P. Roy: Generalized Emulation Services for Mach 3.0, Proceedings of the Second Usenix Mach Symposium 1991

[Kais88] J. Kaiser, E. Nett, R. Kröger: Mutabor - a coprocessor supporting object-oriented memory management and error recovery, Proceedings of the 21st Hawaii International Conference on System Sciences 1988

[Kühn91] W. Kühnhauser, H. Härtig, O. C. Kowalski, W. Lux, H. Streich: The BirliX Operating System Project, Proceedings of the ERCIM Workshop on Distributed Systems 1991

[Leff89] S. J. Leffler, M. K. McKusik, M. J. Karels, J. S. Quarterman: The Design and Implementation of the 4.3BSD Unix Operating System, Addison-Wesley 1989

[Loep91] 💾 K. Loepere: MACH 3 Kernel Principles, OSF Distribution 1991

[Loep92] 💾 K. Loepere: Mach 3 Server Writer's Guide, OSF Distribution 1992

[Mala91] G. Malan, R. Rashid, D. B. Golub, R. Baron: DOS as a Mach 3.0 Application, Proceedings of the Second Usenix Mach Symposium 1991

[Mull89] S. J. Mullender (Hrsg.): Distributed Systems, Addison-Wesley 1989

[Naka91] J. Nakajima, M. Yazaki, H. Matsumoto: Multimedia / Realtime Extensions for the Mach Operating System, S. 183 - 197, Proceedings of the Usenix Summer Conference 1991

[Netw89] 💾 Mach Networking Group: Network Server Design, Carnegie-Mellon University 1989

[OSF] Quelldistribution des OSF/1 Betriebssystems

[Rash86a] R. F. Rashid: Threads of a New System, Unix Review, Vol. 4, 1986

[Rash86b] R. F. Rashid: From RIG to Accent to Mach: the Evolution of a Network Operating System, Proceedings of the ACM / IEEE Computer Society, S. 37 - 49, Fall Joint Computer Conference 1986

[Rash87] R. F. Rashid, A. Tevanian, M. W. Young, D. Golub, R. V. Baron, D. Black, W. Bolosky, J. Chew: Machine-Indepenent Virtual Memory Management for Paged Uniprocessor and Multiprocessor Architectures, S. 31 - 39, Proceedings of the Second ACM Symposium on Architectural Support for Programming Languages and Operating Systems 1987

[Ritc74] M. Ritchie, K. Thompson: The Unix Time-Sharing System, Communications of the ACM, Vol. 17, No. 7, 1974

[Rozi87] M. Rozier et al: CHORUS Distributed Operating System, Computing Systems 1(4) 1988

[Sche86] R. W. Scheifler, J. Gettys: The X Window System, ACM Transactions on Graphics 5 / 1986

[Schi87] H. Schildt: C - The Complete Reference, McGraw-Hill 1987

[Silb91] A. Silberschatz, J. Peterson, P. Galvin: Operating System Concepts (third edition), Addison-Wesley 1991

[Tane87] A. S. Tanenbaum: Operating Systems, Prentice Hall 1987

[Tane88] A. S. Tanenbaum: Computer Networks (second edition), Prentice Hall 1988

[Teva87a] A. Tevanian: Architecture Independent Virtual Memory Management for Parallel and Distributed Environments, PhD Thesis, Carnegie-Mellon University 1987

[Teva87b] A. Tevanian: A Unix Interface for Shared Memory and Memory Mapped Files Under Mach, Technical Report, Carnegie-Mellon University 1987

[Thom89] Mary R. Thompson: Mach Environment Manager, Carnegie-Mellon University 1989

[Walm89a] 🖫 L. R. Walmer, M. R. Thompson: A Programmer's Guide to the Mach User Environment, Carnegie-Mellon University 1989

[Walm89b] 🖫 L. R. Walmer, M. R. Thompson: A Programmer's Guide to the Mach System Calls, Carnegie-Mellon University 1989

[Youn87] M. W. Young, A. Tevanian, R. F. Rashid, D. Golub, J. Eppinger, J. Chew, W. Bolosky, D. Black, R. V. Baron: The Duality of Memory and Communication in the Implementation of a Multiprocessor Operating System, S. 63 - 76, Proceedings of the Eleventh ACM Symposium on Operating System Principles 1987

[Youn89] M. W. Young: Exporting a User Interface to Memory Management from a Communication Oriented Operating System, PhD Thesis, Carnegie-Mellon University 89

[Zimm91] C. Zimmermann: BirliX - das verteilte Betriebssystem der GMD, S. 102 - 150, iX 1 / 1991

Die mit einem "💾" versehenen Artikel kann man sich auch in maschinenlesbarer Form (Postscipt oder ASCII-Text) mittels anonymous ftp holen. Wer also Internet-Zugang besitzt, findet auf dem Rechner mit der Internet-Adresse "mach.cs.cmu.edu" im Verzeichnis /usr/mach/public/doc oder in den entsprechenden Unterverzeichnissen die aufgeführten Artikel. Ein Hinweis in eigener Sache: Internet-Adressen haben die Angewohnheit, sich von Zeit zu Zeit zu ändern und damit ihre Gültigkeit zu verlieren. Im Zweifelsfalle stellt man eine Anfrage an den Postmaster unter postmaster@cs.cmu.edu, sollte man die gesuchten Dokumente nicht an der angegebenen Stelle finden.

Alle anderen als Technical Report gekennzeichneten Quellen können gegen Gebühr durch die CMU bezogen werden. Die Adresse lautet:

Mach Distribution
School of Computer Science
Carnegie-Mellon University
Pittsburgh

Pennsylvania 15213

USA

Für diese Angaben übernehmen die Autoren keine Gewähr.

Teil 2: grundlegende Mach-Literatur

[Acce86] Einführende Beschreibung des Mach 1 Kernels. Eher unter historischen Gesichtspunkten zu sehen.

[Baro90] Beschreibung der wesentlichen APIs des Kerns anhand von Seiten im Stil des Online-Manual von Unix.

[Coop90] Alles über Cthreads, deren Programmierung und wichtige Hinweise zur Fehlersuche in Programmen.

[Drav89] Beschreibung des MIG anhand des Aufbaus der Definitionsdatei, im Anhang sehr anschauliches Biespielprogramm.

[Golu90] Eine Einführung in die grundlegenden Konzepte des μ-Kernels von Mach 3.0. Darauf aufbauend wird die Emulation von Unix anhand des BSD-Servers beschrieben.

[Loep91] Grundlagen und Konzepte des Mach-Kernels. Alles Wesentliche wird knapp wiedergegeben.

[Loep92] Ausführlicher Einstieg in die Server-Programmierung unter Mach. Alles Wesentliche wie MIG, Cthreads, etc. wird ausführlich mit vielen Programmbeispielen dargestellt.

[Netw89] Dieses etwas umfangreichere Manual (42 Seiten) behandelt die Konzepte und APIs, die für eine netzwerkweite nachrichten-orientierte IPC notwendig sind.

[Rash86a] Darstellung der grundlegenden Konzepte von Mach 1, besondere Darstellung der Verwaltung des virtuellen Speichers, die zu dem Zeitpunkt ziemlich innovativ war.

[Rash86b] Darstellung der Evolution eines Netzwerkbetriebssystems am Beispiel von RIG, Accent und Mach. Dieser Tagungsbeitrag verdeutlicht, daß viele Konzepte schon längst vor Mach bekannt waren.

[Rash87] Detaillierte Darstellung des VM-Support in Mach 2.0 (monolithischer Kern). Besondere Darstellung der pmap-Schicht sowie Beschreibung des alten EMMI.

[Teva87a] Dissertation über den Aufbau und die Funktionsweise des virtuellen Speichers in Mach. Wichtig für das Verständnis der zahlreichen Optimierungen des VM-Systems.

[Thom89] Funktionsweise des Environment-Managers inkl. aller wichtigen Aufrufe zur Verwaltung des Mach-Environments.

[Walm89a] Einführung in zwei Komponenten des Mach-Systems: Programmierung mit Cthreads und Gebrauch des MIG, ferner noch im letzten Teil einige Literaturhinweise und Ratschläge zur Programmierung.

[Walm89b] Grundlagen über IPC und Virtual Memory. Sehr ausführlich mit vielen Programmbeispielen.

[Youn87] Beschreibung des EMMI von Mach 2.0. Praxisnahe Anwendungsbeispiele runden diesen Tagungsbeitrag ab.

[Youn89] Dissertation über das Mach-EMMI. Hier findet man Grundlagen, Konzepte und Anwendungsbeispiele für die Erstellung von externen Pagern.

Teil 3: weitergehende Mach-Literatur

[Dean91] Gegenüberstellung der Mechanismen und der Leistung des Dateizugriffs beim Mach 3.0 BSD-Server und Chorus/MiX, ebenfalls ein μ-Kern mit einer Unix-Emulation. Die Resultate werden mit monolithischen Kernen wie Mach 2.6 und Unix System VR4 verglichen.

[Juli91] Dieser Aufsatz beschreibt die Entwicklung von Emulations-Servern für Mach 3.0. Mit diesen Servern ist es möglich, andere Betriebssysteme wie z.B. Unix oder MS-DOS auch dem Mach 3.0 μ-Kernel zu emulieren. Das Paper beschränkt sich aber weitgehend auf die Darstellung von Lösungsansätzen im Bereich der Unix-Emulation.

[Mala91] Auf 80386-kompatiblen PCs ist es möglich, MS-DOS im Real-Mode auf einem Mach 3.0-Kern basierend zu emulieren. Hier wird beschrieben, welche Probleme dabei auftraten und wie sie gelöst wurden.

[Naka91] Die Autoren dieses Tagungsbeitrages beschreiben die Erweiterung des Cthread-Packages in Verbindung mit einer Modifikation des Schedulers, um Real Time Eigenschaften in Mach zu integrieren.

[OSF] Die Quellkode-Distribution des OSF/1-Systems ist hervorragend als Anschauungsmaterial geeignet, um die Implementierung des Betriebssystems zu verstehen.

A4 Index

N

O

P

R

S

Springer-Verlag und Umwelt

Als internationaler wissenschaftlicher Verlag sind wir uns unserer besonderen Verpflichtung der Umwelt gegenüber bewußt und beziehen umweltorientierte Grundsätze in Unternehmensentscheidungen mit ein.

Von unseren Geschäftspartnern (Druckereien, Papierfabriken, Verpackungsherstellern usw.) verlangen wir, daß sie sowohl beim Herstellungsprozeß selbst als auch beim Einsatz der zur Verwendung kommenden Materialien ökologische Gesichtspunkte berücksichtigen.

Das für dieses Buch verwendete Papier ist aus chlorfrei bzw. chlorarm hergestelltem Zellstoff gefertigt und im ph-Wert neutral.